AF258714

BASES FONDAMENTALES

DE

L'ÉCONOMIE POLITIQUE.

IMPRIMERIE DE MARC AUREL, A VALENCE.

BASES FONDAMENTALES

DE

L'ÉCONOMIE

POLITIQUE,

D'APRÈS LA NATURE DES CHOSES.

PAR L.-F.-G. DE CAZAUX.

La vraie fin de la Politique est de rendre
la vie commode et les peuples heureux.

BOSSUET.

PARIS,

M.me HUZARD, rue de l'Éperon, n.º 7;
DELAUNAY, Palais-Royal, Gal.e de bois, n.º 243-244;
PÉLICIER, Place du Palais-Royal, n.º 243.

1826.

PRÉFACE.

En 1824 nous publiâmes un mode de Comptabilité de la Fortune, applicable à toute gestion privée ou publique, mais particulièrement à celle d'une propriété rurale, que nous avions sur-tout en vue. On daigna en parler avec éloge dans le *Bulletin universel des Sciences*, ouvrage mensuel très-estimé ; mais on contesta la qualité de mesure de la valeur des choses à l'argent, que nous avions supposé la posséder. Les idées qu'on réveilla par là en nous donnèrent naissance aux *Élémens d'Économie privée et publique*, que nous fîmes paraître en 1825.

Le même critique (M. Berthevin) qui avait analysé notre Opuscule sur la Comptabilité, consacra, dans l'écrit périodique cité, un long article à notre nouvel ouvrage, article dont voici les premier et dernier alinéa :

« Le doute appelle l'examen. Lorsque l'es-
» prit d'observation y préside, alors l'objet
» en question est vu sous toutes les faces,

» et il est impossible que l'on ne trouve pas
» des aperçus nouveaux. Si à ces motifs sont
» joints ceux qui naissent des circonstances,
» si l'action de l'esprit se porte sur une science
» nouvelle dont les principes sont peu fixes,
» et qui n'a eu qu'un ou deux organes, alors
» les résultats sont immenses. C'est sur-tout
» lorsqu'il s'agit d'Économie publique, science
» encore à créer, que ces réflexions peuvent
» s'appliquer. »

« Le livre de M. de C., quoique composé
» un peu précipitamment, appelle la réflexion;
» soit qu'on adopte ou qu'on rejette, on est
» entraîné. On débat ces matières chaque
» jour; mais les écrivains qui en parlent ne
» frayent pas tous comme lui une route nou-
» velle. L'ornière est là, et on la suit. »

En s'exprimant ainsi à l'occasion de notre livre, M. Berthevin, que nous n'avons pas l'honneur de connaître, n'a eu certainement d'autre but que celui de nous encourager dans une carrière si nouvelle pour nous, et dans laquelle, sans aucun doute, nous nous étions trop hâté d'entrer.

Ce qui nous confirme dans cette opinion, c'est qu'un autre écrit mensuel non moins estimé, la *Revue encyclopédique*, qui s'honore

de compter au nombre de ses rédacteurs l'écrivain qui de nos jours s'est acquis le plus de
célébrité en Europe comme Économiste, a
parlé de notre livre en termes bien différens.
Dans notre ouvrage, y dit-on, « Il y a quelques
» vues saines, d'excellentes intentions, et une
» ignorance complète de certaines parties de
» la science...... M. de C. est partisan de la
» *balance du commerce*, préjugé devenu te-
» lement suranné, que les Économistes poli-
» tiques de l'Angleterre ne daignent plus le
» combattre, présumant que nul écrivain un
» peu instruit n'ose plus le soutenir. On con-
» çoit, d'après cela, que M. de C. combatte
» vivement les principes établis dans les écrits
» de M. J.-B. Say, *dont les doctrines*, dit-il,
» *sont aujourd'hui universellement répandues,*
» *et, l'on peut ajouter, accréditées.* Notre
» célèbre Économiste partage, au surplus, la
» réprobation de l'auteur, avec Adam Smith et
» avec M. de Tracy. Si l'écrit que nous annon-
» çons tombe entre les mains de M. J.-B. Say,
» il devra être un peu confus de voir que
» les questions qu'il s'imaginait avoir réduites
» à leur plus simple expression, et qu'on ju-
» geait dans toute l'Europe avoir été si net-
» tement posées par lui, n'ont fait qu'accroître

» les doutes de M. de C. Mais comment don-
» ne-t-on les élémens d'une science sur laquelle
» on n'a encore que des doutes ? »

C'est cet article qui nous a fait reprendre
la plume, afin d'exposer, avec plus de clarté
et de précision, les bases fondamentales de
l'Économie politique, telles que nous les concevons.

Notre écrit actuel peut donc sur-tout être
regardé comme le développement, la para-
phrase, ou, si l'on veut, comme la refonte du
liv. I.er de nos *Élémens d'Économie privée
et publique.* Nous reconnaissons que cette première portion de notre ouvrage, qu'il était si
important de bien rendre, manque, en effet,
de netteté. Présentée sons une forme scientifique, propre à rebuter, elle a pu paraître obs-
cure; et, s'il faut l'avouer, peut-être aussi
toutes les parties de ce livre I.er, et même,
à quelques égards, des autres livres, n'étaient-
elles pas suffisamment mûries dans notre esprit, lorsque nous publiâmes ces élémens.
La vérité est une, dit La Bruyère: *l'on n'y arrive
que par un chemin, et l'on s'en écarte par mille.*
Nous avons donc volontiers refait ce travail,
et l'avons fait suivre de tout ce qui nous a
paru le plus propre à intéresser ceux qui

s'occupent de la science sociale, et sont jaloux d'en connaître, non les superficiels, mais les solides et réels fondemens.

Les principes fondamentaux d'une science doivent être, avant tout, invariablement arrêtés et clairement manifestés. Ils résultent, comme le dit M. J.-B. Say, de la nature des choses, bien et complètement observée. Une observation imparfaite conduit à établir des principes faux, et tout l'édifice qu'on veut élever alors sur eux, est souvent ruiné de fond en comble, au premier principe vrai qu'une observation plus attentive fait découvrir. Le lecteur jugera si les bases sur lesquelles nous croyons qu'on doit fonder la science, sont plus fermes et plus complètes que celles sur lesquelles, depuis Adam Smith, les Économistes ont cru devoir l'élever.

Nous disons *plus complètes;* car les Économistes politiques modernes nous apprennent qu'ils ne traitent dans leurs écrits, quelque volumineux qu'ils soient, que de la *science de la Richesse,* qu'il leur plaît d'appeler *Économie politique;* tandis qu'au vrai la science de la Richesse n'est qu'une branche accessoire de l'Économie politique ou *science sociale,* dont nous osons entreprendre d'indiquer les radicaux fondemens.

La Science sociale, qui enseigne les moyens de rendre les peuples heureux, de les attacher de plus en plus au sol de la patrie, de les maintenir moraux, religieux et forts, et, en même temps, amis de la paix et dévoués au gouvernement qui les régit, est bien autrement importante et sublime que la science de la Richesse, dont on fait tant de bruit, qu'on envisage si faussement, et qui, telle sur-tout qu'on l'a faite, n'est pas, il s'en faut beaucoup, la science du bonheur des nations, comme on le croit aujourd'hui, sur la foi des Économistes.

L'envie d'entendre et de dire des choses extraordinaires, a perverti le sens commun dans tous les temps, dit Voltaire.

En cherchant à dissiper les nuages dont il nous semble que, par suite du penchant à dire des choses extraordinaires, on a de plus en plus entouré la vérité depuis qu'on écrit sur l'Économie politique, on sentira « qu'il » fallait ne s'attacher qu'aux erreurs accrédi- » tées, et aux auteurs qui se sont fait un nom : » quel mal peuvent faire un écrivain inconnu » ou une sottise décriée ? » (1)

____

(1) Traité d'Écon. polit., par M. J.-B. Say, *discours préliminaire*.

Avouons-le, d'ailleurs : Enhardi par l'éloge, excité par la critique, et combattant pour les opinions vulgaires (non pour nos opinions propres) contre des écrivains qui n'ont pas craint de s'armer contre elles, et de les traiter avec un inconcevable dédain, nous avons pris un plus libre essor dans notre présent écrit, pour attaquer les nouveaux principes économiques, les nombreux paradoxes qu'ont accrédités des milliers d'échos, et pour reproduire des vérités de tout temps connues, mais qui, intimidées par l'assurance toujours croissante du faux-savoir, n'osaient plus, pour ainsi dire, se remontrer au jour. Ajoutons que nous avons pu nous croire autorisé à retourner contre les agresseurs quelques-uns de ces mêmes traits que, d'avance, ils ont aiguisés contre quiconque oserait n'être pas de leur avis et défendre une seule des opinions anciennes. Que ceux à qui ces traits reviennent aujourd'hui, se rappellent ces paroles de l'Évangile : *Ne jugez point, afin que vous ne soyez point jugés ; car vous serez jugés selon que vous aurez jugé les autres, et on se servira envers vous de la même mesure dont vous vous serez servis envers eux.*

Nous connaissons notre faiblesse, nous

confessons notre ignorance ; mais, fort de la raison commune, qu'on dédaigne aujourd'hui ; de cette raison qui a traversé tant de siècles avant d'être attaquée ; de cette raison, *instinct des peuples*, ou, si l'on veut, *de l'ignorance*, nous n'hésitons pas à entrer en lice.

Nous le déclarons ici hautement : En publiant cet écrit, notre ambition se borne à réunir en corps et à démontrer de vieilles vérités, que la manie des innovations et des singularités a mises de nos jours au rang des erreurs, a flétries du nom de préjugés.

Hélas! si on nous le permettait, nous dirions que le plus funeste des préjugés aujourd'hui, est de croire que les vérités utiles, de nature à faire le bonheur et la force des nations, sont encore à trouver ; car, si l'on n'avait pas ce préjugé, on s'épargnerait bien de la peine, et chaque jour ne verrait pas éclore tant de systèmes, propres à faire le malheur des peuples et à opérer la ruine des états, si les gouvernans les adoptaient.

Voilà le préjugé qu'il importe aujourd'hui de déraciner. Puisse l'écrit que nous publions (1) y contribuer!

______

(1) Quelques fautes (heureux si cet écrit n'en renfermé pas d'une nature plus grave !) ont échappé à notre attention, lors de la correction

Une vérité n'appartient pas à celui qui la trouve, dit M. J.-B. Say; *mais à celui qui la prouve, et qui sait en voir les conséquences*. (1) Nous ferons sur cela deux observations :

1.º Malgré que M. Say prétende (2) que *toutes nos connaissances, même les plus importantes, ne datent que d'hier*, trouver une vérité nouvelle en Économie politique, n'est pas chose facile, à ce que nous croyons. En a-t-on découvert beaucoup, en a-t-on découvert *une seule*, depuis les temps anciens jusqu'au moment présent ? On va se récrier; mais, en conscience, nous n'oserions pas l'affirmer. Et, en effet, si une vérité nous paraît démontrée aujourd'hui, c'est à coup sûr celle-ci : Il n'y a de trouvé et de prouvé en Économie politique, que ce qui a reçu la sanction du temps et de l'expérience ; tout le reste,

des épreuves. Regardant ces fautes comme de nulle importance, nous ne signalerons ici que les suivantes :

Page 92, ligne 2 : *au lieu de* ils, *lisez* les Anglais ; p. 113, avant-dernière ligne : *au lieu de* ses, *lisez* ces ; p. 129, ligne 1 : *au lieu de* entendu, *lisez* entendue; p. 141, ligne 12 : *effacez le mot* annuelle ; p. 199, ligne 3 de la note : *au lieu de* les nouveaux Économistes veulent, *lisez* les nouveaux Économistes, en général, veulent.

(1) Traité d'Économie politique, *discours préliminaire*.

(2) Idem.

qu'on dit avoir été trouvé et prouvé de nos jours, n'est que dans les imaginations, et n'est rien moins que démontré. Ceux qui soutiennent le contraire, ou se font illusion, ou ont leurs raisons pour le soutenir.

2.º Si, par cas, nous avions réussi à démontrer quelques-unes des vieilles vérités économiques, qu'à présent on nomme préjugés, serait-ce à dire qu'elles nous appartiendraient? Certes, nous ne le pensons pas le moins du monde; mais, si nous pouvions avoir jamais ce petit mouvement d'amour-propre, voici qui le réprimerait à l'instant : Le chancelier Bacon dit (et personne probablement ne le contestera) que *l'expérience est la démonstration des démonstrations*; or, c'est l'expérience qui, de temps immémorial, a démontré aux peuples les vérités que nous exposons : à elle donc, à elle seule appartiennent toutes ces vérités, et, si on le veut, aux sages gouvernemens qui, en ayant su voir les conséquences, en ont fait les premiers leur profit.

Néanmoins, différant essentiellement des ouvrages qui ont paru jusqu'à ce jour sur ces matières, l'écrit que nous publions pourra sembler à beaucoup de lecteurs entièrement neuf. Bien qu'il ne contienne que du vieux, on s'imaginerait difficilement a quel point les choses dont il y est question ont, pendant plusieurs mois, absorbé notre attention, mis à la torture notre faible sagacité. Quand bien même nous dirions que nous avons long-temps (jusqu'à la fin de 1824) regardé les ouvrages économiques d'Adam Smith et de M. J.-B. Say comme classiques, on ne pourrait s'en faire qu'une imparfaite idée. Aussi, avons-nous mis en tête de notre précédent écrit cette épigraphe, empruntée à une femme célèbre : *dégager le vrai de toutes ses entraves, est la plus utile et la plus difficile des choses.* Nous l'avouons donc, et ce n'est pas sans quelque honte, aujourd'hui que nous voyons que, de toutes parts, nous sommes arrivé aux vérités triviales les plus simples : Nous avons employé toutes les forces de notre entendement à discerner le vrai en ces matières; à le séparer entièrement du faux, qu'à chaque pas nous rencontrions sur notre chemin; à bien éprouver ce vrai, avant de l'admettre; à le classer, à le réunir en corps, après l'avoir admis; à l'appuyer, à le corroborer de faits décisifs : pour en former (s'il nous était donné de le faire) la solide, l'inébranlable base de la science sociale. Comme les choses que nous exposons sont connues et toutes simples, si nous avons réussi, nous n'aurons nullement à nous en glorifier; et, si nous avons échoué, notre amour-propre ne pourra qu'en souffrir. Au reste, pour éviter (s'il est possible) qu'on nous qualifie de *complètement ignorant*, de *champion né de toute espèce d'ignorance*, nous tâcherons de ne pas défendre ce que nous croyons être la vérité *avec une confiance doctorale, avec l'opiniâtreté de la sottise, avec la crainte d'être convaincu plutôt qu'avec le désir d'arriver au vrai*; et, pour cela, nous nous attacherons à produire des raisons, seules armes qu'on devrait employer quand, réellement, on a *le désir d'arriver au vrai*, désir qui, non-seulement exclut, selon nous, *la* CRAINTE *d'être convaincu*, mais fait même souhaiter ardemment de l'être, si l'on a tort.

L'Économie politique se compose, à notre avis, de quatre sortes de connaissances, s'enchaînant successivement l'une à l'autre; ces connaissances sont : 1.º la SCIENCE DE LA VALEUR; 2.º la SCIENCE DE LA RICHESSE ; 3.º la SCIENCE DE L'ADMINISTRATION PRIVÉE; 4.º la SCIENCE DE L'ADMINISTRATION PUBLIQUE, OU SCIENCE DU GOUVERNEMENT DES ÉTATS, nommée de tout temps POLITIQUE. Nous essayerons dans cet écrit d'indiquer les élémens primordiaux de chacune d'elles, en les puisant, non dans notre imagination, non dans les ouvrages des Économistes (qui ont trop écouté la leur, et qui ont étrangement, ce nous semble, méconnu, confondu, défiguré ces sciences), mais dans le bon sens du vulgaire et dans l'histoire, exclusivement. C'est là que tous les matériaux de l'édifice existent. Puissions-nous avoir réussi à en rassembler quelques-uns ! et puissent des mains plus habiles les réunir tous, et en former, pour le bonheur des nations et la gloire des rois, le plus utile monument qui fut jamais !

On est dans l'usage, à ce qu'il paraît, de faire recommander les ouvrages aux journalistes, pour qu'ils en parlent. Sans cette recommandation, nos *Élémens d'Économie privée et publique*, nous assurait-on, ne seraient pas même annoncés. Le fait est cependant que deux journaux quotidiens, auxquels cet ouvrage avait été recommandé par d'obligeans amis, n'en ont pas même fait la simple annonce ; tandis que d'autres feuilles, sans cette formalité, l'ont faite ; tandis que la *Revue encyclopédique* et le *Bulletin universel des Sciences* (qui, sans démarche de notre part ni de qui que ce soit, n'avait pas même dédaigné de parler de notre Opuscule sur la Comptabilité), sans aucune recommandation quelconque, ont bien voulu en entretenir leurs lecteurs. Toutefois, on insiste ; et l'on va jusqu'à dire que beaucoup d'auteurs, aujourd'hui, prennent eux-mêmes le soin de louer leurs écrits dans des journaux qui, par lâche complaisance, par importunité ou par d'autres motifs même, accueillent ces louanges. Nous ne croirons jamais, quant à nous, a tant d'impudeur, à tant de turpitude. Nous voulons croire même, contre l'opinion commune, que la louange ou le blâme ne se distribuent pas, dans les journaux et ailleurs, par esprit de coterie, et que tout homme qui porte un jugement sur l'ouvrage ou les opinions d'autrui, le fait, indépendamment de ses relations, et d'après les lumières de sa seule raison. En effet, la dernière chose à aliéner est l'estime de soi-même ; et nous ne concevons pas que quiconque se respecte, et a le moins de Religion ou de philosophie ou d'honneur, y puisse renoncer. Qu'est l'éducation, qu'est la Religion, qu'est la morale, qu'est la civilisation, ou plutôt qu'est l'homme, s'il n'en est pas ainsi ? Quoi qu'il en puisse être, et bien persuadé d'ailleurs que si un ouvrage est mauvais, tous les journaux réunis ne sauraient long-temps le soutenir en le louant, ni l'empêcher de percer, s'il est bon, en n'en parlant pas ou le critiquant, nous abandonnerons notre présent écrit à son propre destin : en parlera qui voudra et de la manière qu'il l'entendra. Nous ferons en sorte de profiter des critiques fondées qu'on en fera. Nous les appelons de tous nos vœux, dans la conviction qu'il n'est rien de plus utile pour un auteur que d'être critiqué. Mieux vaut mille fois être blâmé à tort qu'être loué sur ce qui mérite le blâme; et cette observation n'est pas seulement applicable aux auteurs, elle l'est à tous les hommes, et d'autant plus même qu'ils sont dans une position sociale plus élevée. Sans la critique, d'ailleurs, l'éloge a-t-il de prix ? *Je goûterais votre louange*, disait un empereur romain, *si, ayant fait le contraire de ce dont vous me louez, j'étais sûr que vous m'auriez blâmé.*

L'écrit qu'on va lire a acquis un grand volume à l'impression. Nous comptions sur une centaine de pages, au plus, et en voilà 240, tout compris. Au lieu d'un Opuscule que nous annoncions au début, nous nous trouvons avoir fait un livre. C'est, nous n'en doutons pas, que nous n'avons pas su nous conformer à ce précepte des anciens de ne mettre dans un écrit que *rien que ce qu'il faut*. Puissions-nous, du moins, nous être conformé à cet autre précepte, non moins recommandé et qui est en quelque sorte renfermé dans le premier, d'y mettre *tout ce qu'il faut*. Arrêtons-nous cependant, pour ne pas aggraver nos torts, et laissons au lecteur, il en est temps, le soin de nous juger.

BASES FONDAMENTALES

DE

L'ÉCONOMIE POLITIQUE,

D'APRÈS

LA NATURE DES CHOSES.

PREMIÈRE SECTION.

BUT DE L'ÉCONOMIE POLITIQUE ET REMARQUES DIVERSES.

CHAPITRE PREMIER.

But de l'Économie politique.

Sɪ, comme le dit Bossuet (1) et comme l'ont pensé les plus grands hommes de l'antiquité, *la vraie fin de la politique est de rendre la vie commode et les peuples heureux*, la Politique et l'Economie politique sont, quoiqu'on en dise (2), une même et unique science.

(1) Hist. univ., *Révolut. des Empires.*
(2) Entre autres M. J.-B. Say.

Améliorer de plus en plus le sort d'une famille par la bonne administration des biens qu'elle possède, est le but de l'*Économie privée*.

Améliorer de plus en plus le sort d'une nation, en imprimant à son gouvernement une direction telle que tous les individus qui la peuplent puissent de plus en plus atteindre aux commodités de la vie, tout en perfectionnant les mœurs, bien loin de leur nuire, et tout en inspirant aux hommes l'amour de l'ordre et de la paix, et renforçant néanmoins dans la nation les moyens de résister aux agressions, doit être, ce nous semble, le but de l'*Économie publique*.

Économie politique, ou *Économie privée et publique*, ou *Science d'administrer dans le plus grand intérêt,* — *d'une famille,* — *d'une nation,* ou, enfin, *Science sociale*, sont donc, à notre avis, des expressions synonymes.

L'Économie privée est à l'usage des chefs de famille ou régisseurs des biens privés. L'Économie publique est à l'usage de tous ceux qui prennent une part active au gouvernement des nations, et de tous ceux qui, par leurs écrits ou leurs paroles, peuvent influer sur sa marche.

L'Économie privée, bien entendue, rend les familles heureuses et florissantes : aussi, doit-elle être l'étude principale et constante de tous. L'Économie publique, bien comprise, assure le bonheur, la force et la durée des nations et des gouvernemens : aussi, doit-elle être incessamment le but des études des gouvernans, des hommes d'état et des publicistes.

L'Économie politique, science du bien-être des familles et des nations, est pour ainsi dire encore ignorée. Elle n'entre point dans l'enseignement de la jeunesse, quoiqu'une des plus importantes qu'on pût lui faire apprendre ; et une foule d'hommes en parlent journellement, qui paraissent ignorer jusqu'à ses premiers principes.

CHAPITRE II.

Ce que serait l'Économie politique, d'après la définition qu'en donne M. J.-B. Say. — Erreur où serait tombé cet auteur au sujet de la balance du commerce. — Véritable cause de la production.

Il nous semble que M. J.-B. Say donne de l'Économie politique une idée bien incomplète, en disant qu'elle a simplement pour but d'indiquer *comment se forment, se distribuent et se consomment les richesses.* S'il en était ainsi, la science se réduirait à bien peu de chose, ou elle serait étrangement compliquée ; car, ou elle entrerait dans tous les détails de la formation, de la distribution et de la consommation des divers produits, c'est-à-dire, qu'elle embrasserait tous les arts, métiers et professions et les sciences qui s'y rapportent, en un mot presque toutes les connaissances humaines, ou elle se bornerait à des généralités applicables aux divers produits : dans le premier cas, ce serait une science infinie ; dans le second, qui est en effet celui qu'entend M. J.-B. Say, elle se réduirait, fondamentalement, à bien peu de chose, à-peu-près à ceci :

I. Les produits se forment par le travail, s'exerçant sur des choses qu'on a ou qu'on acquiert. Ce travail est excité par l'appât du gain ; c'est pourquoi, les produits sortant des mains des ouvriers se vendent en général au-delà des frais totaux de production, y compris la valeur des matières premières : c'est le gain des producteurs, ils s'enrichissent en produisant. — II. Le commerce s'empare de ces produits, et les distribue dans la société. Tous frais faits, il y trouve aussi un gain, qui l'enrichit. Ainsi, le négociant qui achète du manufaturier, le marchand qui achète du négociant, le petit détaillant qui achète du marchand, trouvent chacun, tous frais déduits, un gain à faire en achetant et revendant, ce qui suppose que le produit augmente successivement de valeur, en passant de main en main, avant de parvenir au consommateur. — III. Ce que le consommateur paye finalement le produit, est généralement la représentation, non-seulement de tous les frais successifs qu'il a occasionnés avant d'être livré, mais encore de tous les gains successifs qui ont été faits, 1.º par le producteur de la matière première; 2.º par le manufacturier, ou les divers manufacturiers entre les mains desquels il a dû successivement passer avant d'être parachevé; 3.º par le négociant; 4.º par le marchand; 5.º par le petit détaillant. Du reste, on conçoit que, si le produit parachevé, ou la matière première, ou le produit non parachevé, ont passé entre les mains de plusieurs négocians, marchands ou détaillans, comme chacun, outre les frais, a dû retenir un gain, le produit a dû successivement acquérir une d'autant plus grande valeur, avant d'arriver au consommateur. Quoi qu'il en soit, la valeur finale que paye le consommateur, il la perd tout entière, du moment que, par la consommation, il annihile le produit.

On peut voir, par cette simple analyse du phénomène de la formation, de la distribution et de la consommation des produits, que, tandis que les producteurs et distributeurs de ces produits s'enrichissent, les consommateurs s'appauvrissent de toute la valeur qu'ils payent finalement les produits. Voilà donc comment les nations industrieuses, en fournissant les produits qu'elles fabriquent à d'autres nations, s'enrichissent en général doublement, c'est-à-dire, d'une part, par leur industrie, et, de l'autre, par leur commerce, aux dépends des nations tributaires; conclusion, pour le dire en passant, tout opposée à celle de M. J.-B. Say, qui prétend que, de deux nations, celle qui gagne le plus, est celle qui achète de l'autre pour une plus grande valeur de produits: *le gain d'un pays, dit-il, se compose de l'excédant de ses importations sur ses exportations; si beaucoup de personnes croient le contraire, c'est, ajoute cet auteur, parce qu'elles ignorent les procédés du commerce, et les sources d'où provient la richesse des nations* (1).

Il est aisé de voir aussi que, ce qui fait qu'on fabrique les produits, c'est la recherche qu'on en fait ou qu'on suppose qu'on en fera, après qu'ils seront fabriqués. Le gain à faire est l'aiguillon des producteurs; et il ne pourrait visiblement avoir lieu, sans le désir d'acquérir des consommateurs, désir dû à la jouissance attachée à la consommation des produits. Cette jouissance est donc la vraie cause qui fait produire, et l'on a raison de dire que la consommation appelle la production, et que, sans les consommateurs, il n'y aurait pas de producteurs.

____

(1) Catéchisme d'Économie politique, Chap. XV; Paris, 1821.

CHAPITRE III.

Indication de quelques sources d'erreurs capitales dans les écrits des Économistes modernes.

M. Mac Culloch, savant anglais, qui professe l'Économie politique à Londres suivant les principes d'Adam Smith et de M. Ricardo (le Say de l'Angleterre), M. Mac Culloch, que vont entendre quelquefois, dit-on, les ministres de cette grande nation, prétend que *les erreurs ont maintenant disparu presque en entier dans l'Économie politique, et que cette science est aussi certaine dans ses résultats que toute science basée sur les faits et l'expérience* (1). Nous ne saurions être de cet avis ; et peut-être le lecteur sera-t-il lui-même ébranlé, lorsque, ayant lu notre Opuscule, il aura pris connaissance des raisons qui nous engagent à porter un jugement tout contraire.

Commençons par signaler ici quelques sources des capitales erreurs où sont tombés , selon nous, les Économistes modernes.

Et d'abord, pour suivre le fil des idées du

(1) Discours sur l'origine, les progrès et l'importance de l'Économie politique. 1825.

précédent chapitre, disons que, dans la jouissance que procurent les consommations, il faut distinguer la jouissance des choses *utiles* de celle des choses *superflues*.

Les choses vraiment nécessaires à la vie méritent seules, selon nous, le nom d'*utiles*. Les autr s le méritent d'autant moins que, de l'avis unanime des historiens et des hommes sensés de tous les temps, elles amollissent, corrompent, sont la cause la plus imminente de la décadence et de la chûte des nations. Non-seulement les choses qui ne sont pas fondamentalement utiles à l'homme, ne doivent pas être qualifiées du nom d'utiles; mais, si leur usage est dangereux et funeste, comme toutes les voix le crient d'après l'expérience du passé, le nom d'inutiles ne suffit même pas pour les caractériser, et il faut employer celui de *pernicieuses*.

Comment donc les Économistes modernes n'ont-ils pas fait cette importante distinction ? Comment M. J.-B. Say, lui qui blâme et condamne le luxe, dénaturant le sens des mots, appelle-t-il *utile*, non pas seulement *ce qui l'est aux yeux de la raison*, mais *tout ce qui est propre à satisfaire les besoins, les désirs de l'homme tel qu'il est* (1); de telle sorte que, *la chose la plus inutile, et même la plus incommode, comme*

(1) Catéchisme d'Économie politique, Chap. II.

un manteau de cour, est, à ses yeux, une chose utile (1) ?

M. le comte Destutt de Tracy, pair de France et membre de l'Institut, appelle de même *utile*, *tout ce qui est capable de procurer un avantage quelconque, même un plaisir frivole* (2) ; et, cependant, il regarde le *luxe* comme *toujours nuisible* (3). Les produits de l'industrie qui procurent des plaisirs frivoles, les produits alimentateurs du luxe, non-seulement donc, sommes-nous fondé à dire, ne sont pas *utiles*, mais ils sont *nuisibles*, c'est-à-dire, bien plus qu'*inutiles*.

On conçoit combien d'obscurités, de contradictions, d'erreurs, doivent résulter de cette confusion des choses *utiles*, des choses *futiles*, des choses *nuisibles*, dans les écrits des Économistes ; puisque, ne séparant point dans leurs raisonnemens des élémens si manifestement hétérogènes, ils arrivent à établir et proclamer leurs principes, sans nul égard à ces fondamentales distinctions.

Nous osons croire que s'ils s'accordent en général si peu sur les principes de la science, et si l'obscurité, le vague et les contradictions dominent quelquefois si fort dans leurs écrits,

(1) Traité d'Économie politique. Tome 2, page 506 ; Paris, 1819.
(2) Traité d'Économie politique, chap. III ; Paris, 1823.
(3) *Idem*, **Chapitre XXII**.

c'est qu'ils ne précisent pas nettement le but de la science ; qu'ils changent, comme on vient de le voir, le sens des mots ; qu'ils ne s'entendent point souvent, ni entre eux, ni, qui pis est, avec eux-mêmes, sur le sens qu'ils y attachent, ce qui est sur-tout applicable aux mots *valeur* et *richesse*. Non-seulement ils n'ont, jusqu'à présent, explicitement donné aucune idée nette de l'un ni de l'autre de ces mots, mais ils les ont presque toujours confondus l'un avec l'autre et employés dans un faux sens, d'où sont résultées des erreurs sans nombre et une inextricable confusion.

Valeur d'une chose, aux yeux de tous les hommes, est *la quantité d'argent* (1) *contre laquelle cette chose s'échange couramment.* M. J.-B. Say, pliant à ses idées jusqu'aux expressions mêmes de la langue, appelle *valeur* d'une chose la *quantité d'autres choses évaluables qu'on peut obtenir en échange d'elle* (2). Nous verrons bientôt que c'est pour n'avoir pas eu égard à la nature des choses, que M. J.-B. Say a été amené à dénaturer le sens de cette expression.

M. J.-B. Say, par le titre seul de son ouvrage : *Traité d'Économie politique, ou simple exposition de la manière dont se forment, se dis-*

(1) *Or* ou *argent*, sous forme de monnaie.
(2) Traité d'Économie politique. Tome 2, page 507.

tribuent et se consomment les RICHESSES ; M. J.-B. Say, disons-nous, montre assez qu'il entend le mot *Richesse* dans le sens de *chose ayant une valeur*, ce qu'il confirme pleinement en disant (1) que les *richesses* se composent des *biens qu'on possède, et qui ont une valeur reconnue.* D'autre part, les *biens que nous possédons* sont, selon lui, la *Richesse* (2). Voilà déjà une confusion fâcheuse du mot Richesse, puisque M. J.-B. Say, suivant au surplus en cela comme en bien d'autres choses les erremens des Économistes qui l'ont précédé, l'applique à-la-fois à un bien ou chose ayant une valeur, et à la réunion des choses ou biens ayant une valeur qu'on possède.

Mais le mot Richesse, selon nous, ne doit être employé dans aucune de ces deux acceptions, que lui donnent M. J.-B. Say et les Économistes. Le mot Richesse réveille une autre idée, celle *d'abondance* de bien ; et tout le monde sait qu'on peut posséder des choses ou biens ayant une valeur et n'être pas *riche*, et être, tout au contraire, *pauvre*, dans le sens universellement et de tout temps attaché à ces mots.

Pourquoi, encore une fois, détourner ainsi le sens des mots ; pourquoi sur-tout les prendre dans une acception diamétralement opposée

---

(1) Traité d'Économie politique. Tome 2, page 500.
(2) Même ouvrage, même tome et même page.

à celle qu'ils ont réellement et que tout le monde y attache, lorsque d'ailleurs on ne manque pas de termes propres à rendre fidèlement les idées qu'on veut exprimer ? Ainsi, qu'une chose ayant une valeur, soit désignée, pour abréger, par le mot *valeur*, réveillant l'idée de la quantité d'argent qu'elle représente, nous y consentons ; que l'*ensemble des choses ayant une valeur qu'on possède*, c'est-à-dire que la *masse de toutes les valeurs possédées*, on l'appelle *fortune*, avec le vulgaire, nous y consentons pareillement. Mais qu'on ne désigne pas une valeur possédée, non plus que la réunion des valeurs possédées, par le mot *Richesse*; car, outre que ce serait employer un mot dans deux sens différens, ce serait encore, dans l'un comme dans l'autre cas, une complètement inutile superfétation (s'il nous est permis de nous servir de ce terme), puisque déjà d'autres mots expriment ces idées; et, ce qui est bien autrement important encore, ce serait dénaturer le sens du mot Richesse, lui prêter gratuitement une acception souvent entièrement opposée à celle qu'il a, et porter, par suite, la confusion dans une science qu'il s'agit d'éclaircir, et qu'on ne ferait ainsi qu'embrouiller de plus en plus.

En un mot, nous croyons qu'on ne peut faire un pas en Économie politique en confondant ce qui doit être fondamentalement séparé, comme

les choses utiles et les choses superflues et nuisibles ; en ne caractérisant pas nettement, dès
l'abord, ces degrés, résultant du plus ou moins
de biens qu'on possède ou peut acquérir : *Richesse,
Aisance, Pauvreté*; fondement, à notre avis, de
tous les raisonnemens à faire sur la science sociale, et qu'on ne peut trop s'étonner que les
Économistes et les publicistes aient mis jusqu'à
ce jour en oubli.

« Pascal, Locke, Condillac, Tracy, Laromi-
» guière, ont prouvé, dit M. J.-B. Say (1), que
» c'est faute d'attacher la même idée aux mots,
» que les hommes ne s'entendent pas, se dispu-
» tent, s'égorgent : j'ai cherché à fixer, ajoute-t-il,
» de la manière la plus précise, le sens des ter-
» mes de l'Économie politique, afin qu'on puisse
» toujours savoir positivement quel fait ou quelle
» chose un mot représente ; dès-lors, il n'est
» plus possible de les prononcer au hasard ;
» un même mot ne peut plus être employé pour
» désigner des choses diverses, ou pour pré-
» senter des doctrines creuses, des faits imagi-
» naires, vagues, imparfaitement observés........
» Presque toutes les guerres livrées depuis cent
» ans, dans les quatre parties du monde, l'ont
» été pour une *balance du commerce* qui n'existe
» pas. Et d'où vient l'importance attribuée à

(1) Traité d'Économie politique. T. 2, p. 443.

» cette prétendue balance du commerce? De
» l'application exclusive qu'on a faite à tort du
» mot *capital* à des matières d'or ou d'argent.....
» Si, dans quelque partie que ce soit de mon
» Traité, continue M. J.-B. Say, un des termes
» est employé une seule fois avec une signifi-
» cation autre que celle qui lui est assignée ici,
» c'est une faute. »

Nous croyons que le premier moyen pour un
auteur d'être clair et de ne pas se fourvoyer,
c'est de conserver aux mots la signification précise qu'ils ont, et surtout de ne jamais leur en
prêter d'opposée à celle unanimement reçue,
comme ont fait jusqu'à ce jour les Economistes.
Quant à l'importance attribuée faussement, selon
M. J.-B. Say, à la *balance du commerce*, nous
croyons M. J.-B. Say bien dans l'erreur, en con-
damnant cette opinion universellement reçue jusqu'à Adam Smith qui, le premier, à ce que nous
croyons, a cherché à l'ébranler. Nous prions le
lecteur qui, par le peu que nous avons déjà dit
à cet égard (pages 4 à 6), ne serait pas suffisamment convaincu, de lire le chap. IX du liv. III
de nos *Elémens d'Économie privée et publique* (1),
où nous avons essayé, par une analyse exacte de
la nature des produits, d'approfondir cette ques-

______

(1) Un vol. in-8.°, 1825; Paris, chez Mad. Huzard, rue de
l'Éperon, n.° 7.

tion : on verra là, nous l'espérons, si c'est à tort, comme le croit M. J.-B. Say, que l'or et l'argent ont de tout temps été distingués des autres produits, surtout de ceux qui se consomment rapidement sans profit. Nous renvoyons également le lecteur, à ce sujet, à la section IV du présent Opuscule.

Mais, les Économistes n'ont pas seulement dénaturé le sens des mots, ainsi que nous l'avons vu, ils ont encore mal observé la nature des choses ; ils n'y ont eu aucun égard dans les raisonnemens d'où ils ont déduit les principes de la science. A leurs yeux, il n'y a aucune différence entre un produit et un autre produit de même valeur. Eh quoi ! la transportabilité, l'altérabilité, la profitabilité, la consommabilité plus ou moins rapide ou impossible des produits, la facilité plus ou moins grande à les produire ou détruire, le degré de réelle utilité ou inutilité dont ils sont, etc., ne mettent aucune différence entre les produits de même valeur ? Quoi ! raisonnant sur les produits de l'industrie, les Économistes n'ont pas même fait l'importante distinction de ceux qui sont *réellement* nécessaires et de ceux qui ne le sont *réellement* pas, d'après notre nature ? Quoi ! raisonnant sur la Richesse, ils n'ont pas caractérisé ce qui réellement, en tout pays et en tout temps, constitue la *Richesse*, l'*Aisance*, la *Pauvreté* ?...... Quoi ! les Économistes ont proclamé leurs décisions, contraires d'ailleurs à l'expérience des siècles, sans avoir eu aucun égard à ces fondamentales distinctions? Quoi! sans les avoir faites, sans les avoir données pour bases à la science, ils ont prononcé, contre l'opinion universelle, que l'argent n'est pas la mesure de la valeur des choses, que la balance du commerce est un vain mot, une absurdité surannée souverainement ridicule, etc., etc.? En vérité, nous ne revenons pas de l'étonnement que cela nous cause. Et, parce que les Économistes, faute d'avoir eu égard à la nature des choses, ont employé des volumes à combattre toutes les opinions reçues, on nous reproche d'avoir osé prétendre donner en 250 pages les élémens de l'Économie politique (1)? Vraiment, s'il faut le dire, nous croyons que, sans la nécessité de combattre les erreurs qu'ont accréditées les Économistes, nous aurions employé bien moins de pages encore; pas 25, peut-être.

Observons, en effet, avec M. J.-B. Say, que « l'Économie politique se compose d'un petit » nombre de principes fondamentaux et d'un » grand nombre de corollaires, ou conséquences » de ces principes. Ce qu'il y a d'important pour

---

(1) « Donner des élémens (c'est-à-dire tous les élémens) de l'Éco- » nomie politique, en un volume de 250 pages, annoncerait de hautes « prétentions. » (*Revue Encyclopédique.*)

» les progrès de la science, c'est que les prin-
» cipes soient solidement déduits de l'observation :
» chaque auteur multiplie ensuite ou réduit à
» son gré le nombre des conséquences, suivant
» le but qu'il se propose. Celui qui voudrait
» donner toutes les conséquences, donner toutes
» les explications, ferait un ouvrage colossal
» et nécessairement incomplet (1). » Convenons
aussi, que l'Économie politique, *dans le but res-*
treint où on la considère aujourd'hui, est une
science dont les hommes ont eu de tout temps
l'instinct ; elle existe dans tous les esprits, on
la trouve partout, excepté dans les livres des
Économistes. Nous nous mettons dans le cas
d'encourir par cet aveu, nous le savons, ce
reproche de M. J.-B. Say: « Des champions nés
» de toute espèce d'ignorance, ont remarqué
» avec une confiance doctorale, que les nations
» et les particuliers savent fort bien augmenter
» leur fortune sans connaître la nature des ri-
» chesses....... (2) » Et au surplus, nous déclarons nous ranger entièrement dans la classe de
ceux qu'a voulu désigner le même auteur dans
le passage suivant: « On a dit encore à l'appui
» des vieilles erreurs, *qu'il faut qu'il y ait quel-*
» *que fondement à des idées généralement adop-*

(1) Traité d'Économie politique, *discours préliminaire.*
(2) Traité d'Économie politique, *discours préliminaire.*

3.

» *tées par toutes les nations ; ne doit-on pas se*
» *défier d'observations et de raisonnemens qui*
» *renversent ce qui a été tenu pour constant jus-*
» *qu'à ce jour, ce qui a été admis par tant*
» *de personnages que rendent recommandables*
» *leurs lumières et leurs intentions ?* (1) » En un
mot, nous avons toujours été porté à penser que
même « Dans les matières un peu difficiles, la
» pratique est provisoirement assez raisonnable,
» long-temps avant que la théorie le soit ; et
» que, quand le sujet est réellement approfondi,
» on reconnaît que le bon sens public, je dirai
» presque l'instinct général, s'est moins écarté
» du droit chemin que les premières spécula-
» tions scientifiques. La raison en est simple :
» dans la pratique, on est tout près des faits ; ils
» se présentent à tous momens, ils vous gui-
» dent, ils vous retiennent, ils vous ramènent
» continuellement à ce qui est, à la vérité ; au
» lieu que dans les combinaisons spéculatives,
» qui consistent toutes en déductions, il suffit
» d'une première supposition fausse, pour arriver
» très-conséquemment aux plus graves erreurs,
» sans que rien vous en avertisse (2). »

C'est pourquoi, recherchant, dans ce qui va

____

(1) Traité d'Économie politique, *discours préliminaire.*

(2) Traité d'Économie politique, par M. le comte Destutt de Tracy, chapitre XII ; Paris, 1823.

suivre comme nous l'avons fait dans ce que nous avons déjà écrit sur ces matières, les élémens de la science, non dans les livres déjà publiés, mais dans la nature des choses telle qu'elle semble de tout temps s'être offerte à l'instinct du vulgaire, nous nous appliquerons à manifester, non des idées nouvelles qu'on n'ait point eues avant nous, comme ont fait les Économistes; mais, au contraire, des idées que tout le monde a instinctivement, étant fermement persuadé que le sentiment du vrai est dans toutes têtes, et que l'exprimer, en le faisant ressortir avec méthode et clarté, est tout ce qu'on peut se proposer, généralement, en écrivant. Alors donc seulement que dans cet Opuscule nous pourrons faire dire à nos lecteurs : *C'est tout simple, Je le savais,* alors seulement nous croirons avoir atteint notre but.

DEUXIÈME SECTION.

DE LA VALEUR.

CHAPITRE PREMIER.

Définition du mot Valeur. — Que l'or et l'argent sont la mesure de la valeur des choses.

Par l'expression *Valeur* d'une chose, on entend le *degré d'estime* dans lequel est cette chose parmi les hommes.

Le degré d'estime dans lequel est une chose varie, en général, selon les temps et les lieux : on en verra plus tard les raisons.

Est-il possible d'apprécier ces variations, c'est-à-dire, y a-t-il une mesure commune et universelle de la valeur des choses ; ou, en d'autres termes, y a-t-il une chose dont la valeur soit à-peu-près invariable dans l'univers, indépendamment des lieux et des temps ?

Nous croyons pouvoir prouver :

1.º Que l'or et l'argent, chez tous les peuples qui les recherchent et qui ont entre eux des relations fréquentes, ont, au même temps, une valeur sensiblement invariable;

2.º Que cette valeur, en général, ne change pas sensiblement d'une année à l'autre, ni même durant une succession d'un certain nombre d'années, comme dans l'espace d'une génération, par exemple, comprenant, comme chacun sait, le tiers d'un siècle. Or, c'est plus qu'il n'en faut, ainsi que nous le verrons, pour que la variation de valeur que peuvent éprouver les métaux précieux, soit d'une importance nulle en Economie politique.

Entrons en matière.

La presque universalité des hommes considère l'argent et l'or comme étant la vraie mesure de la valeur des choses, c'est-à-dire, comme servant à manifester le degré d'estime dans lequel elles sont, et les savans, en général, s'accordent à leur contester cette propriété. En un mot, les prix courans sont regardés par les uns comme indicatifs de la valeur des choses, indépendamment des lieux et même des temps, si les époques ne sont pas trop éloignées; et les autres soutiennent que les quantités d'or et d'argent contre lesquelles s'échangent couramment les choses, n'indiquent nullement le rapport de valeur des choses dans ces cas.

Voici comme s'expriment à ce sujet les Économistes les plus célèbres.

« Comme une mesure, telle que la brassée,
» la poignée, le pied naturel, en variant sans
» cesse dans sa propre quantité, ne sera jamais
» une mesure exacte de la quantité d'une autre
» chose, ainsi une marchandise (dit Adam Smith,
» parlant de l'or et de l'argent) qui varie conti-
» nuellement dans sa propre valeur, ne peut
» jamais être une mesure exacte de la valeur
» des autres marchandises (1). »

« Lorsqu'on échange, dit M. J.-B. Say (2), cent
» livres de blé contre dix pièces d'un franc, les
» cent livres de blé valent dix francs, et les
» dix francs valent cent livres de blé ; mais si,
» à quelques lieues de là, cent livres de blé
» valent onze francs, ce peut être tout aussi bien
» parce que les francs valent *moins*, que parce
» que le blé vaut *plus*. »

« Une maison de dix mille francs en Bretagne
» vaut beaucoup plus, dit plus loin le même
» auteur (3), qu'une maison de dix mille francs
» à Paris ; car elle procurerait, à qui voudrait
» l'échanger, beaucoup plus de choses qu'une
» somme de dix mille francs n'en vaudrait à
» Paris. »

(1) Rich. des Nat., liv. I, ch. V.
(2) Catéch. d'Ec. polit., p. 222.
(3) Catéch. d'Ec. polit., p. 224.

Attachons-nous aux passages de M. J.-B. Say, et voyons s'ils sont vraiment fondés sur la nature des choses, telle que l'observation nous la montre : ces deux passages réfutés, celui d'Adam Smith tombera de lui-même.

Par le premier de ces passages, M. J.-B. Say attribue autant à l'argent qu'aux choses la cause de la différence de prix qu'ont les choses dans les localités diverses.

Par le second passage, il regarde positivement l'argent comme valant beaucoup plus en Bretagne qu'à Paris.

Or,

1.° Il nous paraît évident que, lorsque cent livres de blé s'échangent dans un endroit contre dix francs, et, dans un autre endroit, distant de quelques lieues, contre onze francs, c'est uniquement à cause que le blé vaut un dixième en sus dans ce dernier endroit que dans le premier ; car l'argent, éminemment portatif, ne coûte, pour ainsi dire, rien à transporter, ensorte qu'il peut aller d'abord où il acquiert une valeur supérieure, ce que ne peut faire le blé. Si le blé ne coûtait rien à transporter, dès que cent livres de blé se vendraient un sou de plus dans un des endroits que dans l'autre, on le transporterait, puisqu'il y aurait un bénéfice assuré à faire.

M. J.-B. Say, on le voit bien, n'a fait aucune

attention à la différence extrême de transportabilité qui existe entre les métaux précieux et le
froment : sans cela, il eût été frappé tout d'abord
de la fausseté du principe qu'il avançait. Il n'a
pas pris garde que dans l'état actuel des choses,
un kilogramme de froment coûtant 20 c., un
kilogramme d'argent 222 f. 22 c., et un kilogramme d'or 3444 f. 44 c., eu égard au seul poids,
l'argent est une valeur 1111 fois, et l'or une valeur
17,222 fois plus transportable que le froment ;
et remarquons encore que le poids n'influe pas
seul sur la transportabilité des marchandises en
général : la fragilité, l'altérabilité, le volume, etc.,
des produits, sont encore, à cet égard, des causes
influentes, au point, par exemple, qu'il est tels
produits si sujets à s'avarier par le transport,
qu'ils ne sont pas susceptibles de déplacement,
et doivent forcément et exclusivement être uti-
lisés dans les lieux mêmes où ils sont fabriqués,
et, souvent même, à l'instant qui suit celui de
leur fabrication ; or, on sait que les chances
ne s'ajoutent pas, mais se multiplient, ce qui
donne aux métaux précieux, sur la plupart des
produits, un immense avantage pour être transportés.

2.º Sur ce que M. J.-B. Say, dans le second
passage cité, dit qu'une maison de dix mille
francs en Bretagne vaut beaucoup plus qu'une
maison de dix mille francs à Paris, nous ne

saurions non plus nous accorder. En effet, puisqu'il n'est personne à qui il ne fût égal d'héri-
ter de la maison de Paris ou de la maison
de Bretagne dont parle l'auteur, attendu qu'en
échangeant l'une comme l'autre on ne pourrait se
procurer que dix mille francs, valeur qui, étant
éminemment transportable, est, par conséquent,
toujours *une* pour celui qui la possède, en quelque lieu qu'il soit, *il* est bien patent que la
maison de Bretagne ne vaut nullement plus que
celle de Paris.

Mais avec dix mille francs, dit l'auteur, vous
vous procurerez bien plus de choses en Bretagne qu'à Paris. Pourquoi? lui demanderons-nous;
uniquement à cause de l'intransportabilité plus
ou moins grande de ces choses : si elles étaient
transportables sans frais d'un lieu à l'autre, elles
auraient dans ces lieux une même valeur.

Rendons cela sensible par un exemple, que
nous savons n'être pas hypothétique.

Deux meubles fragiles, qu'on ne pouvait se
procurer qu'à Paris (l'industrie ne les ayant pas
encore produits plus près), transportés à deux
cents lieues, ont coûté de prix d'achat à Paris
quarante-huit francs, et de frais de transport
(y compris l'emballage), après un mois de route,
quarante-cinq francs. Pour faire parvenir à Paris
les quarante-huit francs à un mois de date, il
n'aurait fallu payer, à raison d'un demi pour

cent, que vingt-quatre centimes ; mais, comme on n'a fait parvenir l'argent qu'à deux mois de date, il n'a fallu rien payer pour le port des quarante-huit francs.

La différence de valeur des deux meubles cités, dans les deux localités, n'est-elle pas exclusivement due, dans l'état actuel des choses, à l'intransportabilité de ces meubles, intransportabilité telle que, emballage et port compris, elle a occasionné une plus value de quarante-cinq francs à destination ? Et si, comme les quarante-huit francs, on eût pu expédier les meubles sans frais, leur valeur n'eût-elle pas été absolument égale dans les deux localités ?

Ce qu'on vient de dire de deux meubles, on peut le dire du blé et de tout.

Pourquoi, car nous ne saurions trop insister sur un pareil point ; pourquoi, actuellement, une livre d'or s'échange-t-elle sur tous les marchés en France, en Angleterre, aux États-Unis, etc., contre quinze livres et demie d'argent, sinon parce que l'or et l'argent étant éminemment transportables, chacun de ces métaux va d'abord où il acquiert une valeur supérieure, ce qui maintient entre eux, dans toutes les localités en relation fréquente, un égal rapport de valeur ? Si, à Paris, pour quinze livres d'argent, on pouvait se procurer une livre d'or ; et si, à Nantes, la livre d'or coûtait quinze livres et demie d'argent, l'argent de Nantes irait immédiatement acheter l'or de Paris, et l'or de Paris l'argent de Nantes, jusqu'à ce que le rapport de valeur entre ces deux métaux fût redevenu égal dans les deux lieux.

Mais si à Nantes le bois à brûler, par exemple, coûte moins d'argent qu'à Paris, ne jouissant pas comme l'or et l'argent de la propriété transportable, l'échange du bois de Nantes contre l'or et l'argent de Paris ne peut se faire sans frais considérables, augmentant beaucoup la valeur du bois à brûler rendu à Paris.

En général donc si, dans les diverses localités d'un pays, le blé, le vin, le bois à brûler, etc., etc., s'échangent contre une quantité différente d'or ou d'argent, c'est là faute de l'intransportabilité du blé, du vin, du bois à brûler, etc., etc. Une preuve sans réplique qu'il en est ainsi, c'est qu'à mesure qu'on facilite les moyens de transport des marchandises d'un lieu à l'autre, on tend à en égaliser les prix dans ces lieux : comme lorsque, ouvrant des routes, on substitue le transport par charrois aux transports à bêtes de somme ; comme lorsque, creusant des canaux ou rendant des rivières navigables, on substitue le transport par bateaux aux transports par charrois. Par-là, une marchandise qui, à dos de mulet, eût coûté cinq cents francs de transport, par exemple, d'un lieu à un autre, n'en coûte plus que dix fois moins par le roulage, et seulement cinq cents fois moins par la navigation : tellement, que si au point de départ la marchandise est supposée valoir mille francs, elle fût revenue à destination, à quinze cents francs transportée à dos de mulet, à mille cinquante francs transportée par le roulage et à mille un francs seulement transportée par la navigation.

Au surplus, disons que les frais qu'il en coûte pour faire voyager les choses font aussi qu'à mesure qu'on devient plus éclairé, on cherche à les produire sur les lieux mêmes où on doit les consommer. Mais les fabricans ne peuvent évidemment les produire ainsi avec avantage, qu'autant que les frais de production dans la localité sont inférieurs aux prix réunis des frais de production et de transport, en les tirant d'ailleurs, si l'introduction en est permise.

Non-seulement l'or et l'argent varient très-peu de valeur au même temps dans les lieux divers, mais ils varient infiniment peu de valeur d'une année à l'autre; par la raison, d'une part, que la quantité qu'il y en a dans le monde varie infiniment peu d'une année à l'autre, vu le peu qu'on en consomme et le peu que rendent les mines, comparativement à la masse existante; et parce que, d'une autre part, l'intensité de la recherche qu'on fait de ces métaux, ou, si l'on veut, les besoins qu'on en a, sont aussi, à très-peu-près, annuellement les mêmes.

La valeur de l'or et de l'argent n'éprouve guère de variations vraiment sensibles, par ces raisons, qu'avec les siècles; avantage que n'ont pas les autres choses, le blé, le vin et autres produits de l'agriculture, par exemple, dont la demande, à la vérité, est bien à-peu-près invariablement la même d'une année à l'autre; mais dont l'inégalité des récoltes fait perpétuellement varier la valeur; étant tout naturel que l'offre plus considérable amène la baisse, et que l'offre moindre occasionne la hausse, lorsque l'intensité de la demande reste d'ailleurs sensiblement la même chaque année. Faisons remarquer à cette occasion, qu'il est tels produits agricoles à l'égard desquels, l'offre ne pouvant suivre immédiatement l'intensité croissante de la demande, la valeur doit éprouver une grande augmentation; c'est ainsi que le bois de noyer, par exemple, substitué pour la confection des meubles presque partout en France au bois d'acajou qu'on tirait de l'étranger, a beaucoup augmenté de valeur dans notre pays.

Or, maintenant, on sentira aisément que les produits de l'agriculture, élémens de tous les autres produits, étant ainsi sujets à varier, l'influence s'en doit faire sentir à toutes les marchandises que recherchent les hommes ; lesquelles, par une multitude d'autres causes, comme l'invention ou le perfectionnement des machines, par exemple, peuvent encore varier de valeur.

Reconnaissons donc que l'or et l'argent, comme variant infiniment peu de valeur dans les lieux divers, et comme n'éprouvant qu'une variation de valeur insensible d'une année à l'autre, ont été très-justement adoptés dans l'univers, par l'instinct des hommes, comme mesure de la valeur incessamment variable des autres choses. Ajoutons que leur rareté, qui fait que sous un très-petit volume ils représentent une très-grande valeur ; que leur divisibilité, la facilité de leur donner telle forme et telle empreinte qu'on veut, leur inaltérabilité, etc., les rendent, préférablement à toutes autres choses, éminemment propres à cet usage.

La matière des métaux précieux, avons nous dit, varie peu de valeur d'une génération à l'autre, et infiniment peu, imperceptiblement, d'une année à l'autre. Nous avons vu qu'Adam Smith et M. J.-B. Say soutiennent le contraire, regardent cette valeur comme perpétuellement variable de même que celle de toutes autres choses, et en concluent qu'elle n'a pas la qualité requise pour servir à mesurer la valeur : « Il n'en est » pas de même, dit M. J.-B. Say (1), d'un mètre,

____

(1) Catéchisme d'Économie politique, page 223.

» d'un hectolitre, qui sont des grandeurs fixes,
» invariables, indépendantes des objets qu'on me-
» surera par leur moyen. » Nous trouvons piquant
de transcrire ici des passages des mêmes auteurs
où eux-mêmes ils démentent le système qu'ils
ont embrassé ; — « La valeur de l'argent, dit
» Adam Smith (1), ne varie guère d'une année
» à l'autre, et souvent elle reste la même, ou
» à-peu-près la même, l'espace d'un demi-siècle
» ou d'un siècle de suite. » — « Je crois m'aper-
» cevoir, dit M. J.-B. Say (2), que la valeur
» des métaux précieux, *qui semble avoir été à-*
» *peu-près stationnaire pendant deux cents ans,*
» recommence à décliner depuis une trentaine
» d'années. » M. J.-B. Say disait cela en 1819,
parce que le prix du blé, depuis trente ans,
paraissait avoir été en augmentant jusqu'à 1819 ;
comme, depuis 1819 le prix du blé a été sin-
gulièrement en diminuant, M. J.-B. Say serait
peut-être aujourd'hui d'un avis contraire.

Faut-il donc le redire ? c'est que les choses,
par leur nature, varient incessamment de valeur d'un temps à l'autre aux mêmes lieux, et
dans les lieux divers au même temps ; tandis
que, par leur nature, les métaux précieux n'éprou-

______

(1) Richesse des nations, Liv. I, chapitre V.
(2) Traité d'Économie politique, tome 2, page 66.

vent qu'une variation insensible de valeur en raison des temps et des lieux.

Que la matière de l'or et de l'argent, au surplus, varie de valeur avec les siècles, que nous importe ? cela n'est absolument d'aucune conséquence en Économie politique; car, ce n'est pas avec les générations passées ou futures que nous pouvons commercer et avoir des relations d'intérêts ; ce n'est qu'avec la génération actuellement existante.

La recherche de la variation de valeur de l'or et de l'argent d'un siècle à l'autre est donc tout-à-fait oiseuse en Économie politique ; et si les savans veulent s'en occuper, ce ne doit être que comme d'un objet de pure curiosité. On ne conservera plus aucun doute à cet égard, quand nous aurons montré que l'expression mathématique de la richesse est tout-à-fait indépendante de la valeur de l'or et de l'argent, ensorte que, cette valeur variât-elle avec les lieux ou les temps, la Richesse dans ces lieux ou ces temps divers n'en pourrait pas moins être rigoureusement appréciée et comparée.

CHAPITRE II.

Acception universelle du mot argent, et expression de la valeur des choses, en conséquence de cette acception et de ce qui précède. — Du papier tenant lieu d'argent.

Par le mot *argent* on entend, et nous entendrons généralement dans tout ce qui va suivre, des *portions d'or ou d'argent indifféremment, où l'empreinte et le nom tiennent lieu de l'indication du poids.* Ainsi, quand nous parlerons de *francs*, par chaque franc on devra entendre, indifféremment, cinq grammes d'argent ou (en conséquence du rapport de valeur existant de nos jours entre l'or et l'argent) un poids quinze fois et demie moindre d'or.

D'après cette explication et ce qui précède, la *valeur d'une chose* est exprimée par la *quantité d'argent contre laquelle s'échange couramment cette chose;* vérité triviale, que nous avons dû nous appliquer d'autant plus à faire ressortir dans tout son jour, que, étant fondamentale, elle est méconnue par les Économistes modernes.

Nous ne concevons pas qu'Adam Smith et d'autres après lui, proclament le travail comme mesure de la valeur des choses; car, outre les autres raisons qu'on pourrait encore alléguer, le travail a une valeur variable dépendante de la variation de valeur qu'éprouvent les subsistances et les autres élémens de l'aisance, et du besoin plus ou moins intense qu'on a de faire travailler. Sur quoi, il est bon d'observer que le travail n'est pas, comme l'or et l'argent, éminemment déplaçable, l'homme étant, selon l'expression de Smith même, *de toutes les espèces de bagages, le plus difficile à transporter* (1).

Ajoutons, avant de terminer ce chapitre, que, sous le nom de *lettre-de-change*, de *billet de banque, d'effets publics*, du papier, s'il inspire une confiance parfaite par la nature des garanties qu'il offre, tient fréquemment lieu d'argent chez les nations civilisées, et jouit, plus que lui encore, de la propriété éminemment transportable. Mais hâtons-nous de dire que, lorsque, émettant du papier, un particulier, une banque, un gouvernement, dissipent la valeur présente ou à venir qui en répond, le papier perd rapidement de sa valeur : il n'en a plus aucune, dès que le particulier, la banque, le gouvernement qui l'ont émis, n'ont plus rien qui puisse en répondre. C'est à quoi doivent faire une sérieuse attention ceux qui, sur l'amorce d'un intérêt plus ou moins fort, livrent leur argent, en échange de papier émis par un particulier, une banque, un gouvernement.

(1) Rich. des Nat., liv. I, ch. VIII.

CHAPITRE III.

Comment, par le fait de la rente, l'argent peut réellement varier de valeur.

L'ARGENT, abstraction faite des frais de monnayage, et à ne considérer que la matière dont il est fait, varie infiniment peu de valeur d'un lieu à l'autre au même temps, et très-peu d'un temps à l'autre en tous lieux. Mais la rente qu'il procure peut varier, et c'est par-là véritablement que l'argent peut varier de valeur. En effet, si l'intérêt annuel de cent mille francs, par exemple, est quatre mille francs en France ; si, aux Etats-Unis, l'intérêt ou rente de cette même somme est huit mille francs : par le fait de la rente, l'argent a aux Etats-Unis une valeur double de celle qu'il a en France.

A ne considérer que la matière, cent mille francs valent partout cent mille francs ; mais à considérer la rente qu'ils peuvent donner, cent mille francs peuvent ne pas valoir cent mille francs ; car si, aliénés pendant un an, par exemple, ils rendent dans un lieu huit mille francs, tandis que dans un autre lieu ils n'en rendent que quatre mille, ils ont, par le fait de la rente, une valeur exactement double dans un lieu que dans l'autre. On n'en peut douter si l'on considère que, l'argent étant éminemment transportable, les rentes huit mille francs et quatre mille francs peuvent, sans frais sensibles, être envoyées partout dans le monde civilisé; et que, en quelquemême lieu que soient supposés habiter deux individus propriétaires de ces rentes, l'un des deux se trouvera constamment avoir, avec la rente huit mille francs, un pouvoir d'acquérir double de celui qu'aura l'autre individu avec la rente quatre mille francs.

Que si, au lieu de cent mille francs seulement, l'un des individus en a deux cent mille rendant annuellement, placés à huit pour cent, seize mille francs, tandis que l'autre individu n'en a que cent mille ne rendant dans le même temps, placés à quatre pour cent, que quatre mille francs, le premier individu aura, par la rente, en quelque même lieu qu'il se mette en concurrence avec le second individu, un pouvoir d'acquérir quadruple de celui de ce second individu.

On demandera sans doute ici pourquoi, l'argent étant éminemment transportable, on ne l'envoie pas aux lieux où il procure la plus forte rente, où on le place au plus haut intérêt, soit chez les banquiers, soit sous forme de biens quelconques? Nous répondrons : Si les institutions des divers peuples de la terre offraient aux prêteurs ou acheteurs d'égales garanties, si les relations de peuple à peuple étaient assurées et entièrement libres, si la confiance des prêteurs ou acheteurs, en un mot, était entière, universelle, égale, l'argent se rendant aux lieux où l'intérêt serait à plus haut taux, sa valeur eu égard au temps durant lequel on en permettrait l'usage, c'est-à-dire, sous le rapport de la rente, deviendrait bientôt aussi partout égale; ce qui signifie, en d'autres termes, que la valeur des biens se nivèlerait partout d'après le revenu net rapporté, eu égard bien entendu à la nature plus ou moins chanceuse de chaque sorte de biens, ceux de même nature se vendant partout un égal nombre de fois le revenu net rapporté : la terre, par exemple, trente-trois fois le revenu ; les fonds publics, vingt fois le revenu ; une maison, dix-huit fois le revenu; etc. M. J. B. Say est donc bien dans l'erreur lorsqu'il avance (1) que « L'abondance ou la rareté » de l'argent, ou de la monnaie, n'influe pas plus » sur le taux de l'intérêt, que l'abondance ou la » rareté du plomb, du cacao, ou de toute autre » denrée. » Quoi donc! si les capitalistes anglais, mécontens de ne retirer de leur argent que trois pour cent d'intérêt annuel en Angleterre, le portaient en France, où l'argent rapporte cinq pour cent d'intérêt annuel, l'intérêt cinq se maintiendrait en France? La concurrence des prêteurs anglais qui, pour avoir la préférence, pourraient avec un grand avantage offrir leur argent à quatre et demi, à quatre ou même à trois et demi pour

____

(1) Traité d'Ec. polit., Tome II, p. 480.

cent, ne contraindrait pas les prêteurs français à baisser le loyer cinq francs par cent francs qu'ils retiraient annuellement de leur argent ? Certes, si les Anglais n'exigeaient que quatre francs pour le loyer de cent francs, les prêteurs français seraient dans la nécessité de n'exiger que ce même loyer, sans quoi on ne prendrait pas, très-certainement, de leur argent. La définition *loyer d'un capital prêté*, que donne M. J.-B. Say du mot *intérêt*, et celle qu'il a donnée du mot *capital*, ne changent rien à ce que nous venons de dire. Observons seulement ici encore, puisque l'occasion s'en présente de nouveau, que M. J.-B. Say change constamment dans ses écrits, sans nécessité, le sens des mots : le mot *intérêt* s'entend de la *rente annuelle en argent de l'argent prêté* : pourquoi étend-il le sens de ce mot au *loyer de toute chose quelconque prêtée ?* N'est-ce pas s'exposer à porter la confusion où elle n'eût pas été sans cela ? Mais, dit-il (1), « *intérêt* » *de l'argent*, est une expression vicieuse, parce- » que cet argent fugitif qui, après avoir servi à » transporter la *valeur* des mains du prêteur à celles » de l'emprunteur, court servir à d'autres muta- » tions, n'est point réellement la chose prêtée : la » chose prêtée est une *valeur capitale* qui peut se » transmettre sous toute autre forme que celle de » monnaie d'argent ; c'est l'usage de cette *valeur*

____

(1) Traité d'Ec. polit., tome II, p. 480.

» qu'on emprunte; c'est cette *valeur* dont l'intérêt » est le loyer. » Quoi ! quand on prête de l'argent, l'argent n'est pas la chose prêtée ?..... Quelle subtile distinction ! et à quoi, bon Dieu, peut-elle mener qu'à embrouiller la science ? Et ne pourrait-on pas dire aussi d'une prairie, par exemple, dont on paye le fermage: La prairie n'est pas la chose affermée ; c'est l'usage de la prairie, c'est le foin qu'elle rapporte qu'on achète avec le fermage qu'on paye ; non, c'est la laine et la chair du troupeau que le foin doit nourrir; non, c'est l'argent que doit rapporter cette laine et cette chair; non, c'est le plâtre qu'on achètera avec cet argent pour plâtrer les plantes légumineuses qui couvrent un champ qu'on a; non, c'est... Où s'arrêter? car la valeur peut être transformée sans fin. Avec la manie de subtiliser, que n'embrouillerait-on pas ? De quelles connaissances humaines ne ferait-on pas un chaos? Obscurcir ce qui est en soi très-simple, ce qui de temps immémorial était bien connu; l'étendre, le délayer dans de longs discours pour le rendre méconnaissable et le dénaturer, voilà ce que, de nos jours, on a fait en Économie politique.

Résumant ce chapitre, disons : *à l'égard de l'argent, la matière vaut la matière, en n'ayant pas égard au* TEMPS; *mais, dès qu'on fait entrer cet élément en considération, la matière ne vaut qu'en raison de la quantité de matière qu'elle procure en rente.* Nous prions le lecteur de ne jamais perdre cela de vue.

CHAPITRE IV.

Pouvoir d'acquérir, en général, que donnent 1.º Les biens qu'on possède; 2.º Les rentes annuelles nettes en nature qu'on en retire. — Ce qu'on entend par fortune et par revenu.

Posséder une égale somme d'argent dans des lieux différens, est posséder une valeur égale, puisque, en quelque même lieu que des individus possédant une égale quantité d'argent veuillent se mettre en concurrence (et ils le peuvent vû la facilité de transporter l'argent), leur pouvoir d'acquérir les choses (dont au même temps dans ce lieu, la valeur est *une*) y sera le même.

Il n'en est pas ainsi de la possession des mêmes choses, en différens lieux. Les mêmes choses, en effet, s'échangeant sans cesse, journellement au même lieu, ou au même temps dans différens lieux, contre des quantités différentes d'argent (matière que nous avons prouvé ne pas varier sensiblement de valeur d'une année à l'autre au même lieu, ou au même temps dans les lieux divers en relation fréquente), la variation de valeur des mêmes choses est patente. Si ces choses étaient éminemment transportables, la possession des mêmes choses pourrait donner à leurs possesseurs un égal pouvoir d'acquérir, au lieu où ils voudraient se mettre en concurrence. Mais ne pouvant transporter généralement, du moins sans frais notables, que l'argent que représentent ces choses dans la localité où elles se trouvent, par cette quantité seulement d'argent qu'elles représentent, on peut apprécier le pouvoir divers qu'elles donnent d'acquérir à un même lieu donné à ceux qui les possèdent.

Pareillement, la même rente nette annuelle en nature, par exemple, cent hectolitres de froment, cent stères de bois, etc., peut de même ne pas donner à ses possesseurs, s'ils la possèdent en des lieux différens, un égal pouvoir d'acquérir en un même lieu donné : l'argent seul, que la même rente en nature représente dans les diverses localités où elle est possédée, donne la mesure du pouvoir d'acquérir à un même lieu donné, qu'elle confère à chacun de ses possesseurs.

Il demeure donc constant que *le pouvoir d'acquérir, en quelque même lieu qu'on veuille se mettre en concurrence, est,*

1.º En n'admettant pas l'élément du temps, *comme la valeur possédée*, c'est-à-dire, *comme la quantité d'argent que représentent les choses possédées ;*

2.º En admettant l'élément du temps, et faisant

6.

abstraction de la valeur des choses possédées, *comme la quantité d'argent représentant la rente des choses possédées.*

La valeur totale possédée, c'est-à-dire, la quantité d'argent que représentent les choses possédées, se nomme *fortune.*

La quantité d'argent représentant les produits nets annuels des choses possédées, c'est-à-dire, la valeur nette annuelle produite par la fortune, se nomme *revenu* ou *rente.*

Bien que quelquefois les mots *fortune* et *revenu* ou *rente,* s'entendent des *choses possédées* et des *produits des choses possédées,* c'est toujours de la *valeur des choses possédées,* et de la *valeur des produits des choses possédées,* qu'il faut exclusivement les entendre, pour ne rien admettre de vague dans la science.

TROISIÈME SECTION.

DE LA RICHESSE.

CHAPITRE PREMIER.

Définition de la Richesse.

POSSÉDER des choses, ou posséder la quantité d'argent que représentent ces choses, ou posséder d'autres choses pouvant être échangées contre cette même quantité d'argent, est absolument tout un, au fond; puisque, par cela même que la valeur est identique dans chacun des cas, on peut la mettre respectivement de l'une des formes sous l'une des deux autres, à volonté.

Posséder des choses ou posséder de quoi pouvoir les acquérir, revient donc au même, en définitive. En conséquence, nous croyons devoir définir ainsi la *Richesse* :

Etendue avec laquelle on peut acquérir,

1.º *Par la* FORTUNE,

2.º *Par le* REVENU,

— *Les choses en général* (première manière dont on peut envisager la Richesse);

— *Les choses désirées* (seconde manière dont on peut envisager la Richesse);

— *Les choses vraiment nécessaires* (troisième manière dont on peut envisager la Richesse).

On voit que nous prenons ici le mot Richesse dans ce sens : *pouvoir d'acquérir* (quelle que soit son étendue) *que donne la possession;* tandis que nous avons dit (chapitre III de la première section) que ce mot réveille l'idée *d'abondance* de bien. Il est certain en effet que, dans notre langue et aux yeux du vulgaire, ce mot a réellement cette dernière signification; mais les Économistes et même une foule d'autres écrivains ont habitué leurs lecteurs à l'entendre de plusieurs autres manières, sans qu'ils en aient néanmoins nettement caractérisé aucune. Nous craindrions donc, toute réflexion faite, d'amener la confusion, en nous servant du mot Richesse pour désigner la *surabondance* de pouvoir pour exister que donne ce qu'on possède, par opposition au mot Pauvreté, qui désigne l'*insufisance* de pouvoir pour exister que donne ce qu'on possède. Nous nous servirons donc d'un synonyme pour exprimer cette vraie acception de la Richesse opposée à Pauvreté. (Voir ci-après le chap. V de cette section.) Par là nous éviterons tout mal-entendu avec les lecteurs, et pourrons conserver au mot Richesse la multitude de sens vagues, différens du sens vrai, qu'on y a par extension attachés, et qu'il importe cependant d'analyser, caractériser et apprécier.

CHAPITRE II.

Distinction de la Richesse, en RICHESSE ABSOLUE, RICHESSE LOCALE *et* RICHESSE TEMPORELLE, *soit que la* FORTUNE, *soit que le* REVENU *la donnent, et appréciation de chacune.*

LA fortune est éminemment transportable. Si les choses à acquérir avec la fortune l'étaient de même, une égale fortune constituerait au même temps une égale Richesse, et la Richesse serait ainsi proportionnelle à la fortune, quelque localité qu'on habitât.

Pareillement, le revenu est éminemment transportable. Si les choses à acquérir avec le revenu l'étaient de même, un égal revenu constituerait au même temps une égale Richesse annuelle, et la Richesse annuelle serait ainsi proportionnelle au revenu, quelque localité qu'on habitât.

C'est donc généralement à cause des frais que

coûtent les choses à transporter ou de l'impossibilité de ce transport, qu'avec une égale fortune ou un égal revenu, on est, en général, inégalement riche, si l'on habite des localités différentes.

Cependant, on est porté à juger de la Richesse d'un individu par la fortune ou le revenu qu'a cet individu, comparativement à la fortune et au revenu qu'on a soi-même, que cet individu habite ou non le même lieu que soi-même on habite ; et ce n'est pas à tort, dans ce sens que cet individu pourrait venir disposer de sa fortune ou de son revenu dans le lieu où l'on est, et y acquérir, dès-lors, en proportion de sa fortune ou de son revenu ; ou bien encore, dans ce sens que, quelque part qu'avec la fortune ou le revenu dont on jouit, on veuille se mettre en concurrence avec la fortune ou le revenu qu'a l'individu auquel on se compare, le pouvoir qu'on aura d'y acquérir sera exactement en proportion des fortunes ou des revenus respectifs.

En général donc, l'homme qui a une fortune ou un revenu double de la fortune ou du revenu d'un autre homme, peut n'être pas, en raison du lieu différent qu'il habite, le double plus riche que cet autre homme ; mais, par le fait de sa fortune ou de son revenu double, il le sera s'il veut habiter le lieu qu'habite cet autre homme, ou si les deux individus veulent acquérir dans le même lieu, quel qu'il soit, avec leur fortune ou leur revenu.

Ce n'est donc pas sans raison, on le répète, qu'on juge communément de la Richesse d'un homme par l'étendue de la fortune ou du revenu qu'il a; puisqu'on se fait à l'instant par-là l'idée précise de la Richesse dont il pourrait jouir dans le lieu qu'on habite soi-même, ou dans tout autre lieu où l'on se mettrait en concurrence avec lui.

Mais si cet homme ne consent pas à se déplacer, si la concurrence au même lieu ne s'établit pas, il faut juger de sa Richesse, au lieu où il est, et de sa Richesse à soi-même, au lieu où l'on se trouve; et dès-lors, l'élément du prix des mêmes choses à acquérir dans les deux lieux entre nécessairement dans l'expression de la Richesse, et vient la modifier. Mais la Richesse des deux individus n'en reste pas moins comparable, et même mathématiquement comparable, comme dans le cas précédent. En effet, la Richesse que donne la fortune, est le rapport de cette fortune au prix courant des choses à acquérir dans chacun des lieux; et la Richesse que donne le revenu, est le rapport de ce revenu au prix des choses à acquérir annuellement dans chacun des lieux, avec ce revenu. Qu'ainsi donc, par exemple, un des individus jouisse de dix mille francs de revenu, et que, dans la localité qu'il habite, les choses, objet de ses besoins annuels, coûtent cinq mille francs : l'expression mathématique de sa Richesse, provenant du revenu, sera *dix mille* divisé par *cinq mille* ou DEUX ; que l'autre individu, ayant trente mille francs de revenu et les mêmes besoins, habite une autre localité où le prix des mêmes choses à acquérir annuellement soit dix mille francs : l'expression mathématique de sa Richesse, provenant du revenu, sera *trente mille* divisé par *dix mille* ou TROIS. La Richesse comparative *locale*, provenant du revenu, sera donc, à l'égard des deux individus, mathématiquement *comme* DEUX *est à* TROIS. Mais la Richesse annuelle *absolue* que donne le revenu, c'est-à-dire abstraction faite des localités, la Richesse annuelle *absolue* sera bien réellement dans le rapport des revenus respectifs dix mille francs et trente mille francs, c'est-à-dire que celle du second individu sera triple, au lieu que la Richesse *locale* n'est que moitié plus grande.

Il résulte de ce que nous venons de dire, que *la* Richesse ABSOLUE *est proportionnelle à la valeur possédée*, et que *la* Richesse LOCALE *est en raison directe de la valeur possédée et inverse du prix des choses à acquérir*, soit qu'on considère la Richesse *provenant de la* FORTUNE ; soit qu'on considère celle *provenant du* REVENU.

Le prix des mêmes choses varie annuellement dans le même lieu, de même qu'il diffère au même temps dans les lieux divers. Mais il est évident que *la Richesse* TEMPORELLE, *en tout lieu, croît en raison directe de la valeur possédée et inverse du prix des choses à acquérir ;* comme la Richesse locale au même temps dans les lieux divers, soit qu'on considère la Richesse *provenant de la* FORTUNE, soit qu'on considère celle *provenant du* REVENU.

Il résulte de cette analyse que la Richesse dans les lieux divers, et même dans les temps divers, est éminemment comparable, contre l'opinion de M. J.-B. Say, qui, n'ayant pas bien discerné la nature des choses, dit que cette comparaison est la *quadrature du cercle de l'Économie politique.* Vainement voudrait-on alléguer ici la variation de valeur de la matière des métaux-mesure, en raison des lieux et des temps, comme devant s'opposer à cette comparaison ; car, indépendamment de la valeur de l'argent, la Richesse de lieux ou de temps divers demeure rigoureusement comparable, connaissant la fortune, le revenu et le prix des choses, attendu que l'expression mathématique de cette Richesse est un rapport qui reste invariablement le même, quelque variation de valeur qu'on suppose qu'éprouve l'argent en raison des lieux et des temps. Par exemple , supposez un revenu de vingt-quatre mille francs et que les choses à acquérir annuellement coûtent douze mille francs : l'expression de la Richesse annuelle, provenant du revenu, est *vingt-quatre mille* divisé par *douze mille* ou DEUX. Maintenant, supposez que la matière des francs double, triple, quadruple, etc. tout-à-coup de valeur : il est évident que, chaque chose étant alors représentée par une quantité deux, trois, quatre, etc. fois moindre d'argent, par suite de l'augmentation de valeur de ce dernier, l'expression mathématique de la Richesse serait respectivement *douze mille* divisé par *six mille*, *huit mille* divisé par *quatre mille*, *six mille* divisé par *trois mille*, etc., c'est-à-dire, toujours DEUX. Supposez, au contraire, que la matière des francs vienne à ne valoir tout-à-coup que deux, trois, quatre, etc. fois moins : il est évident que, chaque chose étant alors représentée par une quantité double, triple, quadruple, etc. d'argent, par suite de la réduction de valeur de ce dernier, l'expression mathématique de la Richesse sera respectivement *quarante-huit mille* divisé par *vingt-quatre mille*, *soixante-douze mille* divisé par *trente-six mille*, *quatre-vingt-seize mille* divisé par *quarante-huit mille*, etc., c'est-à-dire, encore toujours DEUX. On voit donc, manifestement, que l'expression de la Richesse est tout-à-fait indépendante de la variation de valeur de la matière des métaux-mesure.

Ce qu'on vient de dire pour l'appréciation et la comparaison de la Richesse des individus, est applicable généralement aux nations en masse et à leurs gouvernemens. Du reste, c'est à la statistique à fournir les données à la science qui nous occupe, et à celle-ci appartient, comme l'a très-bien fait observer M. J.-B. Say, de les appliquer et d'en tirer des conséquences.

Ce qui précède convient d'ailleurs généralement aussi aux trois sortes de manières dont nous avons dit qu'on peut envisager la Richesse, dans la définition que nous avons donnée de ce mot.

Il nous reste à examiner en particulier maintenant chacune de ces trois manières d'envisager la Richesse. C'est ce que nous allons faire dans les chapitres suivans. Nous différons tellement de vues avec les Économistes, qu'on nous pardonnera de nous appesantir sur les choses que nous exposons et de tomber quelquefois, par suite, dans d'inévitables répétitions. Ce que nous désirons avant tout c'est de nous faire parfaitement comprendre : ainsi seulement le lecteur pourra être à même de prononcer si nous avons bien ou mal observé et jugé.

CHAPITRE III.

Examen spécial de la première manière d'envisager la Richesse.

L'ÉTENDUE avec laquelle on possède les choses en général, est regardée par beaucoup de personnes comme la vraie marque de la Richesse; mais posséder la valeur actuelle de ces choses dans le lieu où l'on est, revenant absolument au même, ainsi que nous l'avons fait observer, cette manière d'envisager la Richesse revient au fond à celle-ci : *étendue avec laquelle* ON PEUT ACQUÉRIR *les choses en général* soit avec la fortune (valeur totale des choses possédées), soit avec le revenu (valeur de ce que rendent annuellement en net les choses possédées).

Considérée sous ce point de vue, pour les individus comme pour les nations,

1.º La *Richesse absolue* (étendue du pouvoir d'acquérir en général, *à un lieu et un temps donnés*), croît *en raison directe de la valeur possédée;*

2.º La *Richesse locale* (étendue du pouvoir d'acquérir en général, *au lieu où l'on est*), croît *en raison directe de la valeur possédée, et inverse du prix* LOCAL *des choses;*

3.º La *Richesse temporelle* (étendue du pouvoir d'acquérir en général, *au temps où l'on est*), croît de même, *en raison directe de la valeur possédée et inverse du prix* TEMPOREL *des choses*, quelle que puisse être d'ailleurs la valeur actuelle de l'argent.

Ainsi,

1.º Si un Français et un Anglais se trouvent en concurrence, n'importe en quel lieu; si l'Anglais possède une valeur double de celle que possède le Français, il aura, par le fait de la possession de cette valeur double, un pouvoir d'action double de celui du Français. De même le pouvoir comparatif d'action de deux nations dont, par leurs gouvernemens, l'une disposerait d'une valeur double de celle dont disposerait l'autre, serait généralement double, pour acquérir tout ce qui chez une autre nation est susseptible de se vendre.

2.º Le pouvoir local d'action, pour acquérir les mêmes choses, de deux individus ou de deux gouvernemens, dont l'un a à sa disposition une valeur double de celle qu'a l'autre, n'est plus en proportion de cette valeur, si le prix de ces choses diffère aux lieux où l'on doit les acquérir; car, croissant en raison directe de la valeur dont on dispose et inverse du prix des choses, si ces dernières, par exemple, ont une valeur double au lieu où doit agir la valeur double, le pouvoir d'action pour acquérir ces choses est identique dans les deux lieux, nonobstant la valeur double consacrée à l'acquisition dans l'un des lieux; si le prix des choses est quadruple dans le lieu où l'on dispose d'une valeur double pour les acquérir, l'étendue du pouvoir d'acquérir ces choses n'est que moitié moindre dans ce lieu, malgré la valeur double dont on y dispose pour acquérir, etc.

3.° Le pouvoir temporel d'action d'un individu ou d'un gouvernement à un lieu donné, n'est pas non plus double généralement parce qu'ils peuvent, par supposition, disposer dans des temps divers d'une valeur double pour acquérir les mêmes choses; car il dépend, comme le pouvoir local d'action de deux individus ou de deux gouvernemens, et de la valeur dont on peut disposer actuellement pour acquérir, et du prix actuel des choses à acquérir; en telle sorte que, si l'on fait les mêmes suppositions que nous venons de faire pour le pouvoir local d'acquérir, les mêmes conséquences en résulteront, quelque variation de valeur qu'ait d'ailleurs pu éprouver l'argent d'un temps à l'autre.

CHAPITRE IV.

Examen spécial de la seconde manière d'envisager la Richesse.

POSSÉDER, ou, ce qui est équivalent, pouvoir acquérir avec la valeur possédée, les choses désirées, c'est être riche, aux yeux de beaucoup de personnes. Dans ce sens, si l'on pouvait concevoir un homme qui, sans rien posséder, fût sans désirs, avec rien, il serait riche, et l'on pourrait justement lui appliquer ce vers du plus judicieux des poëtes :

Qui vit content de rien possède toute chose.

L'étendue du POUVOIR D'ACQUÉRIR *les choses désirées* est donc, sous ce nouveau point de vue, l'expression de la Richesse.

Ne considérant, pour abréger, que la Richesse annuelle provenant du revenu, nous ferons d'abord observer que, les désirs de l'homme étant en général toujours supérieurs au pouvoir qu'il a de les satisfaire, aux yeux de presque tous les hommes, la somme en argent représentant les choses qu'on désire annuellement acquérir, l'emporte toujours sur la somme en argent représentant la rente nette dont on jouit ; ensorte que nul ne se croit jamais véritablement riche à son gré, quelle que soit la grandeur de son revenu ; attendu que, par l'étendue de ses désirs, pour lui la Richesse est une fraction qui ne saurait atteindre à l'unité de Richesse qu'il s'est figurée. En vain le revenu croît, les désirs croissant encore plus, on s'estime toujours pauvre, parce que, comme nous venons de le faire observer, la fraction, expression mathématique de la Richesse, ne peut jamais atteindre à égaler l'unité.

On voit ici quelle salutaire influence peuvent exercer la morale et la religion, quand elles sont assez puissantes pour inspirer la modération des désirs, sur le bien-être des individus composant les nations sur-tout civilisées. Envisagées sous ce seul point de vue, ces sublimes connaissances deviennent la branche la plus essentielle de la science sociale, puisque le bonheur des hommes est le but le plus élevé que les gouvernemens puissent se proposer d'atteindre. Ces dictons anciens : *La Richesse du sage est sa modération* ; *La sagesse est un trésor*, etc., sont pleins de vérité.

Quoi qu'il en soit, celui qui maintient ses désirs au-dessous de son revenu, augmente généralement sa fortune ; celui chez qui les désirs l'emportent sur le revenu, entame généralement sa fortune ; celui qui sait contenir ses désirs au niveau de son revenu, n'augmente pas ni ne diminue pas, en général, sa fortune. Généralement, le premier s'enrichit, le second s'appauvrit, le troisième ne s'appauvrit ni ne s'enrichit.

En général, plus l'épargne sur le revenu est grande annuellement, plus la fortune s'accumule rapidement et, par suite, le revenu lui-même, si l'on emploie chaque année profitablement l'épargne. Plus, au contraire, la somme que l'immodération des désirs porte à consommer l'emporte annuellement sur le revenu, plus la pente qui précipite vers la ruine est rapide. La comptabilité de la fortune, objet du liv. II de nos *Élémens d'Économie privée et publique*, la comptabilité de la fortune, disons-nous, partie la plus importante de la science économique tant privée que publique, montre annuellement les vicissitudes qu'éprouvent les biens qu'on possède, dans leur ensemble et dans leurs détails, en quelque nombre que ces derniers puissent être, ensorte qu'on voit et apprécie, une à une et en masse, sans confusion et de la manière la plus distincte, chaque année, toutes les sources par lesquelles arrive la fortune et toutes les voies par où elle s'écoule, ce qui devient un guide presque infaillible pour l'augmenter le plus possible, quand on en a le désir et la volonté. Il est bien remarquable, à notre avis, que, toute la science économique gisant, en quelque sorte, dans la comptabilité de la fortune, aucun Économiste, à notre connaissance, n'en ait traité dans ses ouvrages.

Quoi qu'il en soit, dans la manière dont nous envisageons la Richesse dans ce chapitre, il est évident que sa mesure est comme il suit, pour les individus comme pour les gouvernemens :

1.º La *Richesse absolue* (étendue du pouvoir d'acquérir les choses désirées, *à un lieu et un temps donnés*), est *en raison directe de la valeur possédée et inverse de l'étendue des désirs*;

2.º La *Richesse locale* (étendue du pouvoir d'acquérir les choses désirées, *au lieu où l'on est*), est *en raison directe de la valeur possédée, et inverse du prix local des choses désirées*;

3.º La *Richesse temporelle* (étendue du pouvoir d'acquérir les choses désirées, *au temps où l'on est*), est *en raison directe de la valeur possédée, et inverse du prix temporel des choses désirées*, quelle que puisse être d'ailleurs la valeur actuelle de l'argent.

CHAPITRE V.

Examen spécial de la troisième manière d'envisager la Richesse.

Nous avons dit dans le chapitre précédent que, les hommes ayant en général plus de désirs d'acquérir que ne le comporte le revenu qu'ils ont, quelque grand que soit d'ailleurs ce revenu, chaque homme en particulier est naturellement porté à s'estimer pauvre. Aussi, dans le même lieu et au même moment, celui qui a cinq cents francs de rente, par exemple, vous dira que, pour être riche, il en faut mille; celui qui en a mille, dira qu'il en faut deux mille; celui qui en a deux mille, dira quil en faut trois mille; etc., etc.

Malgré tout ce que nous avons dit jusqu'à présent sur la Richesse, il serait, tout-à-fait impossible de s'entendre en en parlant, si on laissait subsister la confusion que nous venons de signaler; car il y aurait, pour ainsi dire, autant de manières d'entendre la Richesse qu'il y aurait d'individus sur la terre : quel chaos n'en résulterait-il pas!

Il importe donc de donner un point de départ à l'immodération des désirs, qui rend perpétuellement changeante l'idée qu'on attache à la Richesse; point fixe, au-delà duquel on puisse dire, en tout lieu et en tout temps, que la Richesse commence, et en deçà duquel on puisse dire, indépendamment des lieux et des temps, que la Pauvreté commence. Encore une fois, sans cette distinction fondamentale, comment s'entendre, comment débrouiller jamais le chaos de la science sociale ? Pour raisonner, comme pour bâtir, il faut, avant tout, une base ferme : on ne peut édifier sur un terrain mobile.

Pour fixer donc les idées, ou plutôt parce que c'est réellement la vérité, nous caractériserons, avec le vulgaire, sous le nom d'*Aisanse* ou *bien-être*, le pouvoir de satisfaire, sainement et sans recherche, aux besoins suivans : se *nourrir*, se *vétir*, se *loger*, se *chauffer*, se *meubler*, s'*éclairer*. Immédiatement au-dessus du pouvoir de satisfaire à ces besoins commencera la *Richesse*, et immédiatement au-dessous la *Pauvreté*.

Si, par exemple, dans un lieu ou un temps donné, la satisfaction annuelle, des besoins dont on vient de parler, coûte trois cents francs : avec trois cents francs de revenu, on sera *aisé* dans ce temps ou dans ce lieu ; avec plus de trois cents francs, on sera *riche* ; avec moins de trois cents francs, on sera *pauvre*. La Richesse sera d'autant plus grande que le revenu s'élèvera davantage au-dessus de trois cents francs ; la Pauvreté, d'autant plus grande que le revenu sera plus au-dessous de trois cents francs.

Il est bien entendu que la nourriture, le vêtement, le logement, l'ameublement, le chauffage et l'éclairage se modifient en raison des climats ; et qu'ainsi, où le chauffage, par exemple, cesse d'être un besoin, le chauffage cesse d'être un des élémens de l'Aisance. Il est inutile de nous arrêter sur ce point.

Le vulgaire donc, en tout temps et en tout pays, appelle *riche* tout individu qui a de la *sur-Aisance*, du superflu ; et *pauvre*, l'individu *sous-aisé*, c'est-à-dire qui n'a pas de quoi se procurer les objets de l'Aisance avec le revenu.

Aux yeux du vulgaire comme de la saine raison, *l'unité* de Richesse, en tout lieu et en tout temps, est donc *le prix des objets de nos réels besoins* ; la *Richesse* est *l'excédant du revenu sur ce prix* ; la *Pauvreté* est *l'excédant de ce prix sur le revenu.*

Mais puisque le mot Richesse a aujourd'hui, par le fait, d'autres acceptions aux yeux de toutes les personnes qui lisent les ouvrages d'Économie politique ; puisque nous nous sommes déterminé, par cette raison, à le conserver, pour essayer d'analyser et de préciser les divers sens que les Économistes y ont tour à tour confusément attachés dans leurs écrits : au lieu d'employer le mot Richesse, comme le vulgaire, dans son sens véritable, nous désignerons par *Superflu* la sur-Aisance qui est réellement la Richesse ; quant au mot Pauvreté, opposé à Richesse, comme on n'en a point abusé, nous continuerons à l'employer dans son vrai sens, qui est celui de sous-Aisance, de déficit dans le revenu pour atteindre à l'Aisance. D'après cela, la Richesse (continuant à employer ce mot dans le sens *d'étendue du pouvoir d'acquérir* (1) *que donnent les choses possédées ou leur rente*), la Richesse annuelle de celui qui, dans un lieu ou un temps où les choses objet de l'Aisance coûtent annuellement trois cents francs, a un revenu de six cents francs, est *deux* Aisances, et son Superflu *une* Aisance; la Richesse annuelle de celui qui, dans ce lieu ou dans ce temps, a trois mille francs de revenu, est *dix* Aisances, et son Superflu *neuf* Aisances; la Richesse annuelle de celui qui, dans ce même lieu ou ce même temps, à trente mille francs de revenu, est *cent* Aisances, et son Superflu *quatre-vingt-dix-neuf* Aisances; etc. D'autre part, celui qui, dans les mêmes circonstances, n'aurait que deux cents francs de revenu, n'ayant en Richesse annuelle que *deux tiers* d'Aisance, serait pauvre *d'un tiers* d'Aisance; celui qui n'aurait que cent cinquante francs de revenu, n'ayant en Richesse annuelle que *demi*-Aisance, serait pauvre de *demi*-Aisance; celui qui n'aurait que cent francs de revenu, n'ayant en Richesse annuelle qu'*un tiers* d'Aisance, serait pauvre de *deux tiers* d'Aisance; etc.

Que si, dans un autre lieu ou un autre temps, les objets de l'Aisance coûtent annuellement six cents francs au lieu de trois, celui qui, dans ce

---

(1) Dans ce chapitre, *Étendue du pouvoir d'acquérir* LES CHOSES VRAIMENT NÉCESSAIRES À L'EXISTENCE, soit qu'il s'agisse des particuliers soit qu'il s'agisse des gouvernemens des nations.

lieu ou ce temps, a six cents francs de revenu, n'a que l'unité de Richesse, c'est-à-dire *une* Aisance : son Superflu est *nul* ; celui qui, dans ce lieu ou ce temps, a trois mille francs de revenu, est riche de *cinq* Aisances : son Superflu est *quatre* Aisances ; celui qui, dans ce même lieu ou ce même temps, a six mille francs de revenu, est riche de *dix* Aisances : son Superflu est *neuf* Aisances ; celui qui, dans les mêmes circonstances, aurait trente mille francs de revenu, serait riche de *cinquante* Aisances : son Superflu serait *quarante-neuf* Aisances ; il serait riche de *cent* Aisances, s'il avait soixante mille francs de revenu, et son Superflu serait *quatre-vingt-dix-neuf* Aisances ; etc. D'autre part, celui qui, dans ce même autre temps ou autre lieu, n'aurait que quatre cents francs de revenu, ne pouvant atteindre qu'aux *deux tiers* de l'unité de Richesse, serait pauvre d'*un tiers* d'Aisance ; celui qui n'aurait que deux cents francs de revenu, n'étant riche que *d'un tiers* d'Aisance, serait pauvre de *deux tiers* d'Aisance ; celui qui n'aurait que cent francs de revenu, n'étant riche que *d'un sixième* d'Aisance, serait pauvre de *cinq sixièmes* d'Aisance ; celui qui n'aurait point de revenu, aurait zéro ou nullité de Richesse, l'Aisance entière lui manquant.

C'est ainsi qu'il nous semble que le vulgaire, c'est-à-dire la majeure partie des hommes apprécie l'étendue des moyens d'exister que donnent à chacun les choses possédées ; et c'est ainsi que, toutes les fois qu'on veut raisonner sur la science sociale, on doit nécessairement l'apprécier : les hommes d'état, les Économistes, les publicistes, n'en ayant point agi ainsi jusqu'à présent, ont, nous ne craignons pas de le dire, toujours raisonné à vide, et n'ont pu arriver à manifester les véritables principes de la science du bien-être général des hommes en société, bien-être que, nous aimons à le penser, ils n'ont cependant jamais cessé d'avoir en vue.

Si, comme nous le croyons, cette manière d'envisager la Richesse est fondée sur la raison même, on voit que, une fois qu'on a de quoi se procurer les choses constituant l'Aisance, on n'est pauvre que parce qu'on veut l'être, c'est-à-dire que parce qu'on ne veut pas contenir ses désirs au niveau des vrais et réels besoins de la vie ; et, dès-lors, aux yeux de la raison, aux yeux de la morale, aux yeux de la religion, et, par conséquent, aux yeux d'une saine législation, on n'est plus à plaindre, si ce n'est comme insensé.

Quoi qu'il en soit, la mesure de la Richesse, telle que nous l'avons envisagée dans ce chapitre, est comme il suit, pour les individus comme pour les gouvernemens :

1.º La *Richesse absolue* (étendue du pouvoir d'acquérir les choses élémens de l'Aisance individuelle, *à un lieu et un temps donnés*), est en *raison directe de la valeur possédée, et inverse du prix des choses élémens de l'Aisance individuelle;*

2°. La *Richesse locale* (étendue du pouvoir d'acquérir les élémens de l'Aisance individuelle, *dans le lieu où l'on est*), est *en raison directe de la valeur possédée, et inverse du prix local des élémens de l'Aisance individuelle;*

3.° La *Richesse temporelle* (étendue du pouvoir d'acquérir les élémens de l'Aisance individuelle, *au temps où l'on est*), est *en raison directe de la valeur possédée, et inverse du prix temporel des élémens de l'Aisance individuelle,* quelle que puisse être d'ailleurs la valeur actuelle de l'argent.

CHAPITRE VI.

Moyen d'être le plus riche possible avec ce qu'on a.

En général c'est de la Richesse provenant du revenu qu'il a été question plus particulièrement dans ce qui précède, et c'est d'elle encore que nous allons nous occuper spécialement dans ce qui va suivre. On consomme en effet généralement, non la fortune qu'on possède, mais le revenu annuel qu'elle rapporte; parce que, ainsi seulement, on peut espérer de jouir d'une Richesse égale et durable.

La Richesse augmente, soit que le revenu croisse, soit que le prix des choses à acquérir diminue.

Ainsi, accroître son revenu est augmenter sa Richesse, le prix des choses désirées ne changeant d'ailleurs pas ; et, le revenu ne changeant pas, la baisse du prix des choses à acquérir augmente aussi la Richesse. Par exemple, si le revenu est représenté par deux mille francs dans un cas, et si, par son industrie, on sait le porter à quatre mille francs dans un autre cas, on sera, dans le dernier cas, le prix des choses à acquérir ne changeant pas, le double plus riche que dans le premier cas ; ou bien, le revenu restant invariable et représenté par deux mille francs, on sera de même le double plus riche, si le prix des choses à acquérir vient à baisser de moitié. Avec le revenu quatre mille francs on serait, dans cette dernière hypothèse, quatre fois plus riche qu'avec le revenu deux mille francs, lorsque les choses à acquérir avaient un prix double. En un mot, en tout lieu et en tout temps, la Richesse croît en raison directe du revenu et inverse du prix des choses à acquérir.

Il résulte donc de là que, pour être le plus riche possible, il faut réaliser sa fortune aux lieux et en choses susceptibles de procurer le plus de revenu, et manger ce revenu aux lieux où les choses à consommer sont au plus bas prix possible. Tel est le secret d'être le plus riche possible avec la valeur qu'on possède; et la grande transportabilité, sous forme d'argent, de la valeur possédée, rend ce secret facilement exécutable, si soi-même on consent à se déplacer. Ainsi, qu'un Anglais qui, de cinq cent mille francs de fortune, ne retire dans son pays que quinze mille francs de revenu annuel, vienne en France, y réalise sa fortune, et y mange son revenu : 1.º Si les choses objet de ses besoins annuels coûtent moitié moins en France qu'en Angleterre, et 2.º Si les cinq cent mille francs réalisés en France rapportent trente mille francs de revenu, l'Anglais, par cette émigration de sa personne et de sa fortune, se trouvera tout-à-coup quatre fois plus riche qu'il n'était en Angleterre. Que si, consentant à réaliser sa fortune en France, l'Anglais voulait continuer à résider en Angleterre, il ne serait, avec son nouveau revenu trente mille francs, que le double plus riche qu'il était avant l'exportation de sa fortune en France.

Ce que nous venons de dire n'est certes pas nouveau. Le simple ouvrier montre bien le connaître, quand il s'informe de ce que gagne un ouvrier de sa profession dans tel pays, et de ce qu'y coûtent les choses objet de ses besoins : par la comparaison du salaire avec le prix des choses à acheter, il voit d'un coup-d'œil si, en se transportant dans ce pays, il sera plus ou moins riche qu'au lieu où il est. De même, s'il parle des temps anciens, par la quantité d'argent qu'un ouvrier de sa profession gagnait journellement, c'est-à-dire par le revenu que son état lui procurait, et par la quantité d'argent que coûtaient les choses à acquérir, il compare parfaitement la Richesse d'autrefois avec celle d'à présent. Disons-le donc : le vulgaire a une idée nette de la Richesse, et les Économistes n'en ont donné jusqu'à ce jour dans leurs écrits qu'une très-obscure et très-imparfaite idée ; ils ont embrouillé, dénaturé, compliqué une science dont les principes fondamentaux sont simples et existent de temps immémorial dans le bon sens des peuples. « Les beaux es- » prits, dit La Bruyère, veulent trouver obscur » ce qui ne l'est point, et ne pas entendre ce qui » est fort intelligible. »

Ah! on court bien risque de s'égarer lorsque à des idées de tout temps universellement admises par l'instinct des nations, on ne craint pas de substituer des idées nouvelles qu'on puise dans son propre fonds.

M. J.-B. Say, par exemple, le plus renommé des Économistes de nos jours, définit la Richesse : *Biens qu'on possède, et qui ont une valeur reconnue.* Est-ce là préciser la chose ? n'est-ce pas la laisser flotter dans un vague désespérant, ennemi mortel de toute science, vague qui s'accroît d'autant plus que M. J.-B. Say ne donne aucun moyen de reconnaître la valeur des biens possédés,

puisqu'il définit la *valeur* d'une chose , la *quantité d'autres choses évaluables qu'on peut obtenir
en échange d'elles* ; définition d'où résulte qu'une
même chose, un hectolitre de blé, par exemple,
a autant de valeurs différentes qu'il y a de choses
diverses auxquelles on peut le comparer, c'est-
à-dire, une infinité ; de telle sorte que le mot
valeur, dans les écrits de M. J.-B. Say, ne présente à l'esprit, contrairement à toutes les idées
reçues, qu'un sens indéterminé, que mille idées
confuses. Faut-il après cela s'étonner que cet auteur dise : « On ne saurait évaluer dans un lieu
» les Richesses d'un autre lieu, par la raison que
» nulle évaluation ne peut être que la compa-
» raison de la valeur de deux objets qui sont
» en présence l'un de l'autre. (1) » Mais qui est,
nous le demandons avec le vulgaire, plus en présence que le revenu dont on jouit, et les choses contre lesquelles on désire l'échanger ? Or
c'est, exclusivement, ce rapport du revenu qu'on
a, au prix des choses qu'on désire acquérir, qui
constitue la Richesse annuelle, en tout lieu et
en tout temps, indépendamment même de la
variation de valeur des métaux-mesure dans les
lieux et temps divers, d'où résulte que la Richesse
de lieux et de temps divers est, dans tous les cas,
éminemment comparable, malgré l'opinion con-

____

(1) Traité d'Économie politique, tome II, page 502.

traire de M. J.-B. Say, qui dit, comme nous l'avons précédemment fait observer, que cette comparaison est la *quadrature du cercle de l'Économie politique*. M. J.-B. Say n'admet la comparaison de la Richesse qu'*au pays et au temps où l'on vit*; « Une famille, dit-il (1), qui a qua
» rante mille francs de *revenu* à Paris, est réel
» lement deux fois aussi riche qu'une famille qui
» en a vingt dans la même ville, à la même épo
» que; parce que, pour quarante mille francs tous
» les ans, elle peut avoir un logement double
» en étendue ou en beauté, un nombre double
» de domestiques, recevoir du monde dans la
» même proportion, etc. » Mais, est-il quelqu'un qui ne voie à l'instant que si un pareil appartement, un pareil nombre de domestiques, une pareille réception de monde, etc. coûte à Londres quatre vingt mille francs; il faut à Londres quatre vingt mille francs de revenu annuel pour être à Londres aussi riche qu'à Paris avec quarante? et si, il y a cinquante ans, un pareil appartement, un pareil nombre de domestiques, une pareille réception de monde, etc. ne coûtait à Paris que trente mille francs, est-il quelqu'un qui ne juge très-bien à l'instant qu'avec trente mille francs de revenu, il y a cinquante ans, on était à Paris aussi riche qu'avec un revenu de

____

(1) Traité d'Économie politique, tome II, page 502.

quarante aujourd'hui ? nous ne le pensons pas. La comparaison de la Richesse dans les lieux divers, de même que celle en temps divers, bien loin donc d'être impossible comme l'est la *quadrature du cercle*, est un problème que le moindre écolier peut résoudre, que le plus simple homme du peuple même, comme nous l'avons prouvé, résout à chaque instant (1), sous les yeux des Économistes qui le proclament d'une difficulté insurmontable ; des Économistes qui, à tout instant, font des efforts égaux pour prouver que ce qui n'est pas est, et que ce qui est n'est pas. Non, ce n'est pas au vulgaire qu'on doit reprocher son ignorance en Économie politique ; non, les vérités fondamentales de cette science ne sont pas *si hautes, si relevées*, qu'elles ne soient très-bien à sa portée, et ceux qui veulent lui en donner des leçons feraient peut-être sagement de commencer par s'instruire à son école. Aussi le reproche suivant de M. J.-B. Say ne peut-il être appliqué, selon nous, à ceux à qui il l'adresse :

« Questionnez cent personnes, mille, dix-mille :
» à peine sur ce nombre en trouverez-vous deux,
» une peut-être, qui ait quelque teinture de ces

(1) Pendant que ceci s'imprime, on nous rapporte ce propos d'un simple soldat à qui l'on disait ces jours derniers qu'à Paris, où il allait, il aurait une solde supérieure : « *c'est très-bien*, répondit ce militaire ; *mais si ce que j'ai besoin d'acheter est, comme je l'ai entendu dire, cher à proportion, je ne serai, à Paris, ni plus ni moins riche qu'ici.* »

» connaissances si relevées dont le siècle se glo-
» rifie. On n'en ignore pas seulement les hautes
» vérités, ce qui n'aurait rien d'étonnant; mais
» les élémens les plus simples, les plus applica-
» bles à la position de chacun. Quoi de plus rare
» même que les qualités nécessaires pour s'ins-
» truire ! qu'il est peu de gens capables seulement
» d'observer ce qu'ils voient tous les jours, et qui
» sachent douter de ce qu'ils ne savent pas ! (1) ».
Un célèbre professeur d'Économie politique, qui
vient de dire en ce moment même (déc. 1825) (2)
aux gens du peuple qui vont suivre son cours,
qu'il lui serait très-facile de prouver que tel d'entre eux qui croit bien savoir une chose parce
qu'il la voit tous les jours l'ignore réellement,
s'est peut-être un peu trop avancé ; car il n'est ni
rare ni étonnant que des hommes qui, par leur
position, sont constamment près des faits et les
touchent pour ainsi dire, les sentent et apprécient
mieux que nous : n'ont-ils pas le même nombre
de sens que nous ? le Créateur a-t-il fait ces sens
moins parfaits que les nôtres ? L'Économie politique, encore une fois, est plus connue des
peuples que ne le croient généralement les Économistes : nous n'en voulons pour nouvelle et

(1) Traité d'Éc. polit., tome. I., p. LXXXV — LXXXVI.

(2) Voir l'écrit périodique *le Producteur*.

péremptoire preuve que cette *Enquête faite par ordre du Parlement d'Angleterre*, dont on vient de donner une traduction française, ouvrage infiniment curieux et où percent, à notre avis, les vrais et solides principes de la science. Ceux qui préfèrent le positif au systématique liront cet écrit, nous n'en doutons pas, avec un profond intérêt; il n'est pas entièrement exempt cependant d'idées systématiques, par la raison qu'on a jugé à propos d'interroger deux Économistes politiques anglais qui ont acquis de la célébrité : tous deux ont avancé des choses contestables, selon nous, mais particulièrement celui qui a soutenu, durant un très-long interrogatoire, que l'opinion commune qui veut que le prix des marchandises s'élève avec le taux des salaires, *est absurde*. Disons donc qu'en Économie politique sur-tout, il paraît plus aisé d'accréditer de capitales erreurs que de découvrir des vérités fondamentales nouvelles; et que, si le siècle actuel est assez vain pour se glorifier des découvertes qu'il a faites dans la science qui nous occupe, cette haute prétention même dénote son ignorance; car la suffisance fut toujours compagne du faux savoir : vérité que n'a pas découvert ce siècle et qu'il serait bon de lui rappeler, s'il pouvait être vrai qu'il la mît en oubli. Quand on ne sait pas douter, quand, de sa propre science, on tranche sur tout, au lieu de chasser on épaissit les ténèbres, et l'on peut se croire, mais on est loin d'être dans un siècle éclairé. Hâtons - nous toutefois de justifier le siècle du reproche qu'on pourrait croire qu'il mérite, en faisant connaître que les savans vraiment dignes de ce nom, bien loin de s'énorgueillir des connaissances qu'ils ont, proclament, par la bouche de sir Humphry Davy (1), que l'état où sont arrivées les connaissances humaines manifeste sur-tout une chose, le peu qu'on sait : *Qu'est la science*, dit-il, *si ce n'est une mesure de notre ignorance ?* Un tel langage est, pour les savans de nos jours, la plus assurée garantie de vrai savoir. Non ,

La vérité n'a point cet air impétueux,

cette allure superbe et dédaigneuse qu'on remarque en général dans les écrits des chefs des Économistes modernes ; à les entendre, on est absurde, on est ridicule, on est suranné, on est complètement ignorant, si l'on ose élever le moindre doute sur les soi-disant vérités qu'ils proclament. Ignorent-ils donc à leur tour que la tyrannie même avec laquelle ils veulent les faire recevoir devient dans leurs écrits la plus forte présomption contre elles ? Ignorent-ils donc aussi , ces admirateurs exclusifs de leurs propres conceptions,

(1) Voyez ce qu'a dit (décembre 1825) ce véritable savant, en remettant la médaille d'or que la Société royale de Londres vient de décerner à M. Arago, autre véritable savant dont le siècle s'honore.

ce qu'a dit encore le poëte dont chaque vers est une vérité, que

L'ignorance toujours est prête à s'admirer ?

Et, enfin, ne pourrait-on pas se demander dans quel fonds ils puisent ce mépris souverain qu'ils déversent sur les opinions qu'ont eues de tout temps des millions d'hommes leurs semblables, leurs maîtres, peut-être, dans la science qu'ils veulent enseigner ? Sans doute, il peut arriver qu'un homme ait raison contre tous ; mais on conviendra que c'est infiniment rare, et nous ne croyons pas que cette gloire immense appartienne ni à Adam Smith, le père de l'Économie politique actuelle, ni à aucun chef de l'école moderne, ni à eux tous réunis. Trouver aussi complétement en défaut la raison universelle! et sur des choses de pratique si générale, si journalière, de tout instant! sur des choses qui touchent aux plus chers intérêts des individus, des nations!... cela se voit-il une fois dans mille ans ? cela se peut-il voir jamais ? En vérité quant on y pense, on serait tenté de ne pas prendre les écrits des Économistes au sérieux et de les regarder comme une mystification. Quoi qu'il en soit, abjurant de tels maîtres, nous n'en voulons désormais reconnaître d'autre en Économie politique, que ce simple sens commun qui court les rues et donne sans bruit ses leçons.

CHAPITRE VII.

Réflexions sur la diversité de manières d'envisager la Richesse.

On peut entendre par Richesse, avons-nous dit, l'étendue avec laquelle on possède ou avec laquelle on peut acquérir : — les choses en général, — les choses désirées, — les choses vraiment nécessaires.

Or,

On peut posséder : — au même temps, au même lieu ; — au même temps, en lieux différens ; — en différens temps, au même lieu ; — en différens temps, en lieux différens ;

De même, on peut acquérir : — au même temps, au même lieu ; — au même temps, en lieux différens ; — en différens temps, au même lieu ; — en différens temps, en lieux différens ;

Dans la possession des choses, on peut distinguer : — ces choses en elles-mêmes ; — les choses qu'elles donnent annuellement en rente ;

A l'égard du pouvoir d'acquérir, il faut distinguer : — la valeur que représentent les choses possédées, c'est-à-dire, la fortune ; — la valeur que représentent les choses rente annuelle des choses possédées, c'est-à-dire, le revenu.

Sous quelle multitude d'aspects, d'après cette analyse, on peut envisager la Richesse ! La possession, c'est la Richesse ; le pouvoir d'acquérir, c'est la Richesse ; on est riche par les choses possédées ; on est riche, par les choses que rapportent annuellement les choses possédées ; on peut acquérir par la fortune, on peut acquérir par le revenu ; les choses possédées peuvent être au même lieu, en lieux divers ; on peut acquérir au même lieu, en lieux divers ; les temps où l'on possède au même lieu, en lieux divers, peuvent être les mêmes ou différens ; les temps où l'on peut acquérir peuvent pareillement être les mêmes ou différens....... Quelle diversité de faces ces combinaisons diverses ne donnent-elles pas à la Richesse (1) !

Or, si ceux qui ont écrit jusqu'à ce jour sur la Richesse, n'ont pas discerné ces différentes faces ; s'ils n'en ont discerné qu'une et qu'elle ne soit pas la même, ou plusieurs dont quelques-unes diffèrent ; ou si, n'en spécifiant nettement aucune, ils les ont, ensemble ou tour à tour, confondues sous une seule et même dénomination : faut-il s'étonner que leurs ouvrages diffèrent, soient incomplets, vagues, obscurs, remplis de contra-

______

(1) Quelques-unes, peut-être, attachent au mot Richesse l'idée de *jouissance procurée par la consommation.* Si cela est, nous avons omis de mentionner cette acception.

dictions , et cependant infiniment volumineux en raison des efforts , toujours renouvelés parce qu'ils sont toujours vains, faits pour rendre claires aux autres des choses que soi - même on ne conçoit pas nettement? Que sera-ce, si les écrivains ne sont pas même d'accord sur le véritable but de l'Économie politique ; s'ils ne spécifient pas nettement ce but ; s'ils en changent, après l'avoir bien ou mal spécifié, ou qu'ils en aient plusieurs qui se contredisent, sans en définir cependant jamais clairement aucun ? Il nous semble que c'est ce qui est arrivé jusqu'à présent aux auteurs qui se sont occupés de la science économique. Aussi, doit-on convenir avec quelques esprits judicieux, qui l'ont déjà proclamé, que cette science est encore presque toute à créer, n'existant pas jusqu'ici, du moins en corps.

Après avoir essayé d'en poser les véritables fondemens, tous puisés dans la nature des choses et dans le bon sens universel, autant qu'il a été en nous, nous allons exposer quelques vues sur les plus hautes parties de la science, n'oubliant pas que *sa vraie fin est de rendre la vie commode et les peuples heureux*, c'est-à-dire, d'assurer le BIEN-ÊTRE *des peuples*.

QUATRIÈME SECTION.

QUELQUES VUES DE HAUTE ÉCONOMIE POLITIQUE.

CHAPITRE PREMIER.

Comment, en général, la fortune augmente ou diminue.

Supposons, pour fixer les idées, un homme possédant en fonds de terre cent mille francs; et, en bâtimens, machines, outils, animaux, grains, fourrages, etc. et argent pour dépenses courantes, cinquante mille francs. Cet homme est ainsi propriétaire d'une valeur de cent cinquante mille francs.

Supposons que tous les biens qu'il possède restant au même état et continuant à valoir cent cinquante mille francs, la valeur nette des choses que les biens possédés rapportent annuellement en rente au propriétaire exploitant, soit, chaque année, dix mille francs.

Si, la première année, le particulier vend toutes les choses objet de sa rente nette, et s'il n'achète pour sa consommation aucun produit fabriqué au-dehors, il accroît sa fortune cette première année de dix mille francs.

Mais si le particulier achète et consomme pour dix mille francs de produits du dehors, il n'augmente ni ne diminue sa fortune cette première année.

Que, s'il n'achète et consomme que pour quatre mille francs de produits du dehors, il accroît sa fortune de six mille francs cette première année.

Que, si le particulier achète et consomme pour quinze mille francs de produits du dehors, il diminue de cinq mille francs sa fortune cette première année.

Ainsi, au bout de la première année la fortune du particulier serait respectivement dans chacune des suppositions que nous venons de faire :

Cent soixante mille francs, dans le premier cas;

Cent cinquante mille francs dans le second cas;

Cent cinquante-six mille francs dans le troisième cas;

Cent quarante-cinq mille francs, dans le quatrième cas.

Dans le premier cas, le particulier, plaçant au-dehors les dix mille francs ou les employant à y acquérir des terres ou tout autre objet rapportant rente, deviendrait propriétaire au-dehors, de cinq cents francs de rente, plus ou moins, selon l'avantage du placement ou de l'acquisition faite ;

Dans le second cas, sa rente annuelle ne serait ni accrue ni diminuée ;

Dans le troisième cas, sa rente s'accroîtrait de trois cents francs, plus ou moins, aux dépens du dehors ;

Dans le quatrième cas, le dehors deviendrait propriétaire de deux cent cinquante francs, plus ou moins, de la rente du particulier.

Maintenant, ceux qui ont connaissance des intérêts composés ou redoublés, se feront seuls une juste idée de la rapidité avec laquelle un particulier sur-aisé peut accroître sa fortune, en utilisant sans cesse profitablement sa sur-aisance. Quant à la rapidité avec laquelle une très-grande fortune même peut disparaître, lorsque la consommation annuelle surpasse le revenu, il n'est personne qui ne puisse l'apprécier.

Or, ce qu'on vient de dire pour un particulier, est évidemment applicable, en changeant le nom, à toute une commune, à toute une province, à toute une nation, par rapport aux autres communes, aux autres provinces, aux autres nations. On peut personnifier en effet, en un seul, l'intérêt de tous dans ces cas.

Ainsi, supposez une nation industrieuse, consommant dans son propre sein tous les produits qu'elle fabrique. S'il n'y a point d'argent dans cette nation, il n'y en viendra pas, du moins qui soit propriété de cette nation. S'il y a de l'argent, la quantité n'en saurait augmenter : elle diminuera, au contraire, par la consommation qu'on en fera, quelque insensible qu'elle puisse être.

Mais, si la nation exporte une partie de ce qu'elle produit dans son sein, et si, n'important pas des produits fabriqués au dehors, elle échange ce qu'elle exporte contre de l'argent, le commerce devient pour elle une véritable mine d'argent d'autant plus abondante, que l'exportation est plus considérable et que les marchandises exportées ont une plus grande valeur aux yeux des nations qui les achètent.

C'est avec cette mine d'argent, qui augmente si la valeur exportée l'emporte sur la valeur importée pour la consommation, qui cesse d'augmenter et même décline si l'exportation balance l'importation, qui s'écoule au-dehors, si l'importation l'emporte sur l'exportation, qu'une nation est plus ou moins puissante par rapport aux autres nations.

Tant qu'on recherchera comme on le fait l'argent, l'individu, le canton, la province, la nation, qui l'attireront le plus (et nous venons de voir de quelle manière on peut l'attirer), seront puissans comparativement aux individus, aux cantons, aux provinces, aux nations qui, loin de savoir l'attirer, le laisseront écouler par une balance défavorable du commerce.

Ajoutez à ce qui vient d'être dit, que si, dans une commune, une province, une nation, la totalité ou partie de l'argent importé par suite de la balance favorable du commerce est employée en travaux utiles dans la commune, la province ou la nation, il en résulte, 1.º qu'on enrichit ceux qui exécutent ces travaux ou, tout au moins, qu'on procure leur bien-être; 2.º que ceux qui font exécuter ces travaux en retirent d'ordinaire une rente supérieure à celle qu'eût rapporté l'argent employé, placé à intérêt; 3.º qu'ainsi, la commune, province ou nation s'enrichit doublement; savoir : de l'argent acquis, et des travaux utiles portant rente qu'il a servi et servira encore à faire tant qu'il restera dans la nation, travaux de la valeur desquels s'accroît incessamment le capital ou fortune de la commune, province ou nation. Tout au contraire, la commune, province ou nation dont la balance du commerce est défavorable, s'appauvrit doublement; savoir : dans le présent, de l'argent exporté, et, dans l'avenir, des rentes de tous les travaux utiles que cet argent resté dans l'intérieur eût servi successivement à payer. Et notez bien que nous supposons ici que la valeur des biens possédés par la commune, province ou nation qui exporte ainsi son argent, se maintienne stationnaire; car, si la valeur de ces biens déclinait par suite même de la nature des produits importés, comme les terres, par l'introduction dans le pays de blés, bestiaux, laines, bois, etc. étrangers, que ces terres étaient en état de fournir; comme les établissemens de tout genre de l'industrie, par l'introduction du dehors des produits que cette industrie pouvait fournir : alors, disons-nous, la valeur des biens possédés, loin de croître, diminuant nécessairement, la commune, la province ou la nation, se précipiteraient d'autant plus rapidement vers la ruine.

Il nous semble que cela est si frappant de vérité qu'il n'est plus permis de traiter la balance du commerce de chimère et d'absurdité. Comment Adam Smith et M. J.-B. Say ont-ils osé à cet égard lutter contre une opinion si universellement reçue, et avancer si hardiment, et, nous ne craignons pas de le dire, sans même aucune apparence de preuve solide, ce qui n'est pas? Comment les publicistes modernes préconisent-ils sans examen, et seulement parce que, après Smith, deux ou trois hommes entre tous les hommes se les sont mises en tête, des maximes si contraires à celles que la voix des siècles proclame?

Ah! c'est une bien funeste manie que celle de vouloir, quand visiblement il n'y a pas lieu, chercher la vérité hors des sentiers où l'universalité des hommes l'a toujours vue : si cette manie flatte l'amour-propre, la science qui nous occupe témoigne assez à quel point elle peut propager l'erreur.

Ne terminons pas ce chapitre sans dire que la règle qui doit guider les gouvernemens dans le commerce d'échange, c'est de ne faire que des échanges *profitables*. Mais, pour cela, il faut distinguer les produits utiles de ceux qui ne le sont pas, les produits réellement nécessaires, réellement profitables, des produits superflus, des produits qui sont cause de ruine, et cause de ruine plus ou moins prochaine. Nous ne pouvons que renvoyer à cet égard au chap. IX du liv. III de nos *Élémens d'Économie privée et publique*, où nous avons essayé de traiter cette question ; question si superficiellement examinée par les Économistes qui sans cesse dans leurs écrits, ayant confondu indistinctement tous les produits et les ayant regardés tous comme *utiles*, ont été conduits à proclamer les plus étranges erreurs en fait de balance du commerce et d'Économie politique en général. Ceux qui liront le chapitre auquel nous sommes forcé de renvoyer, verront comment, en exportant l'or et l'argent, on peut se ruiner, comme a fait l'Espagne, quoique possédant des mines de ces métaux ; et comment, en en empruntant pour l'exporter, on peut s'enrichir, comme ont fait les États-Unis : ce dernier pays comprenait la règle *Échanger profitablement*, et l'Espagne n'en avait pas d'idée, puisque son commerce d'échange n'était autre qu'un commerce de ruine, de rapide ruine, qui aurait dû l'enrichir, à la manière dont M. J.-B. Say envisage la balance du commerce. Disons à cette occasion qu'il ne paraît pas que Tacite eût à l'égard de la balance du commerce les mêmes idées que M. J.-B. Say, à en juger par le passage suivant que nous trouvons dans l'historien Gibbon : « Les contrées les » plus éloignées furent mises à contribution pour » fournir de nouveaux alimens au faste et à la » pompe de Rome. Les forêts de la Scythie don- » naient des fourrures précieuses. On transpor- » tait l'ambre par terre, depuis les rives de la » Baltique jusqu'au Danube; et les Barbares étaient » étonnés du prix qu'ils recevaient en échange » pour une production de si peu d'utilité......... » *Les Richesses de l'état passaient ainsi sans re-* » *tour entre les mains des nations étrangères et* » *ennemies*, ajoute Gibbon, D'APRÈS TACITE. » (1)

CHAPITRE II.

Intérêt des gouvernemens, eu égard à ce qui précède.

Il y a dans le monde une certaine quantité d'argent, répandue chez les diverses nations.

Si, par une balance constamment favorable du

(1) Gibbon, hist. de la décadence et de la chute de l'empire romain.

commerce, une nation, infiniment plus industrieuse que les autres, parvient à attirer incessamment dans son sein l'argent des autres nations, qu'arrive-t-il? L'argent devient de plus en plus commun chez cette nation ; le gouvernement peut de plus en plus en lever par l'impôt. Au contraire, il devient de plus en plus rare chez les autres nations tributaires de la nation industrieuse ; leurs gouvernemens peuvent d'autant moins prélever d'argent par l'impôt. Cependant, l'argent, essentiellement mobile, tend à revenir et revient de la nation où il a été attiré par la balance favorable du commerce, dans les nations d'où une balance défavorable du commerce l'a fait écouler ; mais comment y revient-il? Ceci mérite une très-sérieuse attention : il y revient, par des emprunts faits par les nations tributaires à la nation industrieuse, ou bien, par des subsides payés par le gouvernement de la nation industrieuse aux gouvernemens des nations tributaires, ce qui met ces gouvernemens dans la dépendance du premier qui, dès-lors, dispose à son gré de leurs forces, contre telle nation qu'il est de son intérêt d'abaisser ou d'abattre.

Il ne faut qu'ouvrir les yeux pour voir que c'est la position de l'Angleterre par rapport aux autres nations en général, au temps où nous vivons. Ou elle soulève à volonté les nations contre les nations; ou, remplissant les emprunts que font ces nations, elle devient véritablement propriétaire des rentes que rapportent les biens de ces nations. La paix, bien plus encore que la guerre, conspire à accroître sa colossale puissance, puisque la paix tend à la rendre la propriétaire de tous les biens de ces nations.

Hommes d'état, Économistes, publicistes, nous vous le demandons, n'est-ce pas là ce qui se passe sous vos yeux ?

M. J.-B. Say dira-t-il encore (1) : *De quoi servent tous les soins que prennent les gouvernemens pour faire pencher en faveur de leur nation la balance du commerce ?* et répondra-t-il : *A-peu-près à rien, si ce n'est à former de beaux tableaux démentis par les faits ;* car, demande-t-il, si l'Angleterre, d'après de semblables tableaux, a réellement importé depuis un siècle la somme énorme de 347 millions sterling (plus de 8 milliards de francs), *comment se fait-il que les évaluations ministérielles les plus exagérées n'aient pu trouver en Angleterre que 47 millions de numéraire, à l'époque même où il y en avait le plus ?* Comment cela se fait ? c'est un Français qui le demande ? nous l'avons dit, et il n'est pas peut-être en Europe un seul homme (M. Say excepté) qui ne le sache : Le gouvernement anglais a dépensé partie de cet argent à soulever toutes les nations

____

(1) Traité d'Ec. polit., Tome I, p. 206.

pour abattre le pouvoir devenu trop gigantesque de la France, pouvoir qui tendait (à part l'ambition) à faire secouer à toutes les nations le joug commercial de l'Angleterre, en les contraignant à ne plus recevoir ses produits; et l'autre partie, après avoir servi à payer les travaux utiles et durables qui font de nos jours l'orgueil de l'Angleterre, a été se placer chez les autres nations, qui en paient la rente aux Anglais, devenus véritablement propriétaires d'une grande partie des biens de ces nations, puisqu'à eux en vont les rentes. Au surplus, le fait rapporté par M. J.-B. Say serait bien autrement digne d'attention, d'après l'ouvrage récent de M. Moreau de Jonnès : *Du commerce au* 19e *siècle*. Selon cet auteur : « Dans l'espace de trente années, l'An-
» gleterre a jeté dans les marchés des deux
» hémisphères pour près de dix milliards de coton
» manufacturé, dont six et demi lui sont revenus
» pour son travail et ses bénéfices. Ainsi cette
» branche d'industrie seule aurait donné à la
» Grande-Bretagne, dans un espace de temps
» aussi court, seize fois le revenu total de la
» Russie, et vingt fois celui de l'empire d'Au-
» triche. » (1)

Eh bien ! que faut-il pour faire écrouler une aussi colossalle puissance ? Que les autres nations,

____

(1) Voir le *Producteur*, écrit périodique.

devenant industrieuses par le fait même de la prohibition de tous les produits qu'elles peuvent parvenir à fabriquer, s'affranchissent du tribut qu'elles paient à la nation anglaise.

Certes, ces idées ne sont pas nouvelles. Colbert les connaissait, et leur mise en pratique en France sous un grand roi, a changé la face de cette nation. Les Anglais les connaissent bien aussi ; ils savent que là est le secret de leur grande puissance. En vain on crie quotidiennement en France que, reconnaissant enfin leur erreur, les Anglais veulent aujourd'hui la liberté du commerce avec les autres nations ; ce qui, aux yeux de nos publicistes, paraît une preuve sans réplique de l'absurdité de la balance du commerce et du système prohibitif, *(préjugé devenu tellement suranné, nous dit-on (1), que les Économistes politiques de l'Angleterre ne daignent plus le combattre, présumant que nul écrivain un peu instruit n'ose plus le soutenir.*

Eh quoi ! ne voyez-vous pas le piège tendu aux autres nations dans cette apparente générosité des Anglais? ne voyez-vous pas que, mécontens de voir les autres nations devenir industrieuses, ils veulent étouffer cette industrie ; que la liberté du commerce, si ces nations la pro-

____

(1) Voir dans la *Revue encyclopédique*, l'article consacré à nos *Élémens d'Économie privée et publique*.

clamaient à l'exemple de l'Angleterre, serait la ruine de leur industrie naissante, par le fait seul que l'industrie Anglaise, aujourd'hui arrivée au comble de la perfection, peut livrer aux consommateurs ses produits à un prix inférieur à celui des produits des fabriques étrangères?

Les hommes d'état anglais, dira-t-on, veulent livrer aux autres nations jusqu'aux machines mêmes auxquelles ils sont redevables de leur étonnante prospérité, ces machines dont leurs lois avaient jusqu'ici prohibé l'exportation. Oui; mais savez-vous pourquoi ils le veulent, répondrons-nous? parceque la France dans ces derniers temps est devenue la rivale de l'Angleterre pour la construction des machines, et que l'Angleterre voit avec effroi arriver le moment où les Français fourniront de machines les autres nations, particulièrement toutes celles de l'Amérique du sud: *encore cinq à six ans, et la France, déclare* M. Galloway (1), *serait parfaitement en mesure d'exécuter à cet égard des commandes pour l'étranger.* Tant que l'Angleterre n'a pû craindre qu'on pût faire ses machines, elle n'en a pas voulu l'exportation; mais à présent qu'on les fait en France, elle veut les exporter : pourquoi? parce que, l'Angleterre pouvant encore livrer ses ma-

____

(1) Enquête faite par ordre du Parlement d'Angleterre. 1 vol. in-8°, Paris 1825.

chines à *trente pour cent* meilleur marché que les Français (1), par la libre exportation, ils ruineraient à l'instant cette précieuse branche d'industrie chez leurs rivaux, qui menace d'affranchir toutes les nations, en les mettant dans le cas de fabriquer elles-mêmes, avec les machines que la France leur vendrait, les produits qu'à présent l'Angleterre fabrique pour elles avec ces machines.

M. Galloway a été effrayé à la dernière exposition en France *des progrès extraordinaires que la France avait faits en cinq ans, particulièrement dans le fer en barre et en tôle, l'acier laminé, le cuivre et le bronze de toute espèce : il y avait,* dit-il, *des échantillons si parfaits qu'il n'a jamais rien vu qui les surpassât en Angleterre* (2). A quoi sont dûs des progrès si étonnans et si rapides ? faut-il le demander ! AUX PROHIBITIONS DES PRODUITS ANGLAIS. Ce que M. Galloway recherchait curieusement à la dernière exposition, était *si les ouvrages étaient ou non faits sur le sol de la France, de matière française et par des manufacturiers français* (3). Apparemment qu'il pensait que là pouvait être l'arrêt de mort à venir de l'industrie de sa nation, soit que la France fût desti-

____

(1) Enquête faite etc.

(2) Idem.

(3) Idem.

née à supplanter peu à peu le commerce de l'Angleterre chez les autres nations, soit que ces nations, imitant la France, vinssent à s'affranchir elles-mêmes des produits de l'industrie anglaise.

Au surplus, si l'importante question soulevée en Angleterre sur la convenance d'exporter ou non les machines, est demeurée indécise, ce n'a été, toute l'enquête faite par ordre du Parlement en fait foi, que par le doute où l'on est demeuré sur le degré de perfectionnement où sont arrivés les constructeurs de machines en France, qu'on a pu avoir des raisons de croire fort inférieur encore à celui atteint par les Anglais; circonstance qui, si elle est vraie, ferait qu'en exportant ses machines, la nation anglaise ne ferait que hâter ce qu'elle redoute, l'émancipation des peuples aujourd'hui tributaires de son industrie; car, *en exportant les machines, a dit M. Ewart, nous mettons les étrangers dans la voie la plus courte pour se fournir eux-mêmes* (1); *et si les étrangers avaient les moyens de faire chez eux, nous n'entendrions plus parler de leurs commandes*, a dit M. Thomas Osler, qui craindrait, dit-il, *que les dix-neuf vingtièmes des marchandises de Birmingham (son pays) destinées à l'exportation ne cessassent par degrés d'être faites en Angleterre* (2)...

(1) Enquête faite etc.

(2) Idem.

Mais ces bons fabricans, ces bons marchands anglais, qui sont assez simples pour avoir aujourd'hui en fait de commerce exactement les mêmes idées qu'on eut avant eux à Tyr, à Carthage, à Alexandrie, à Venise, à Gênes, en Portugal, en Hollande (villes et nations pauvres dans leur temps, comme chacun sait), entendent-ils quelque chose à ce qui est capable d'enrichir un pays? connaissent-ils les sources de la Richesse? s'en doutent-ils? leurs vieilles erreurs, leurs principes surannés, ne font-ils pas rire de pitié aujourd'hui quiconque pense, quiconque a la plus légère teinture de l'Économie politique telle que l'ont faite dans ce siècle de lumières les Économistes à *réputation européenne?* Adam Smith et ses disciples n'ont-ils pas donc foudroyé sans retour ce *ridicule*, cet *absurde*, ce *suranné*, ce *creux Système mercantile*, tant préconisé autrefois, et qu'en Angleterre l'ignorance seule des fabricans, marchands et commerçans continue à préconiser encore?

En effet, si l'on prohibe les produits anglais, que deviendront, demandent aussitôt nos Économistes, les vins de Bordeaux et de Champagne qui maintenant trouvent un débouché si avantageux en Angleterre? Belle demande! nous hasarderons-nous pourtant à répondre : ils seront bus par les Français qui fabriqueront les produits qu'actuellement on tire de l'Angleterre; les échan-

ges se feront de Français à Français, au lieu de
se faire de Français à Anglais; ou bien, l'on con-
tinuera à exporter ces produits de luxe, et l'on
soutirera par là l'argent des autres nations, ce
levier tout puissant avec lequel on les domine
et remue. Ou bien, si nos vins, nos eaux-de-vie,
par exemple, ne peuvent être exportés, et s'il
y en a trop pour la consommation, on arra-
chera de la vigne et cultivera en place autre
chose, du blé, par exemple, pour nourrir un
nombre toujours croissant de Français, que ré-
clameront de plus en plus les industries nou-
vellement naturalisées; etc.

En vain M. J.-B. Say dira (1) que ce sont là
de *vains systèmes, de funestes théories, qu'on dé-
core effrontément du nom de vérités pratiques;* en
vain il nous dira qu'on ne nuit pas à la production
et à l'industrie des indigènes ou nationaux, quand
on achète et qu'on importe des marchandises de
l'étranger; parce qu'on n'a pu acheter les marchandises de l'étranger qu'avec des produits indigènes, auxquels ce commerce a par conséquent
procuré un débouché. D'abord, nous avons vu
qu'on peut acheter autrement qu'avec des *produits indigènes;* qu'on peut acheter avec de l'argent; et nous avons suffisamment montré, à ce
que nous pensons, les funestes inconvéniens qui

____

(1) Traité d'Éc. polit., tome I., p. 161 — 162.

y sont attachés. Contentons-nous donc de dire à présent : Mais si, dans la nation même, on peut trouver le débouché dont vous parlez, cela ne vaut-il pas bien mieux? si le territoire de la nation peut devenir susceptible de nourrir une population trois fois plus grande, pourquoi ne voudriez-vous pas la susciter dans la nation, en fabriquant dans la nation même les produits que vous tirez du dehors? et si, sur-tout, la nation ne tire aucun produit *réellement utile* du dehors, par la raison qu'elle a en surabondance tous les produits *réellement utiles* dans son sein ; si les produits tirés du dehors ne servent qu'à alimenter dans la nation un luxe scandaleux, que vous même condamnez : quel avantage, dites-nous, trouvez-vous à les tirer du dehors, quand audedans même il importerait peut-être d'en réprimer la fabrication, bien qu'elle soit un moyen tout puissant pour les pauvres d'attirer à eux les sur-Aisances des riches?

Une des causes capitales d'erreurs dans les écrits des Économistes, c'est que ces messieurs admettent tous, sans examiner si cela est ou non, 1.º que chaque nation en général a ses produits spéciaux; 2.º que tous les produits sont nécessaires. De là, entre autres choses, ils concluent tout naturellement la nécessité du libre commerce d'échange entre les nations, et l'*absurdité*, la *ridiculité* etc. de la balance du commerce.

Le raisonnement en lui-même est fort bon ; mais il repose sur de mauvaises bases. En effet, 1.º *il est possible* à l'industrie proprement dite, à très-peu d'exceptions près, de fabriquer partout ses produits : *les dix-neuf vingtièmes des produits de l'industrie anglaise cesseraient d'être demandés*, comme le fait observer M. Thomas Osler, *si les étrangers avaient des machines et savaient en faire usage* ; 2.º il est très-faux que tous les produits de l'industrie soient *nécessaires* ; bien loin de là, la presque totalité des produits de l'industrie proprement dite sont, non pas seulement *inutiles*, mais *pernicieux* aux nations qui en usent. C'est à quoi il faut un peu faire attention lorsqu'on veut donner des préceptes sur l'Économie politique ; autrement, les préceptes pourraient faire étrangement dévier les nations qui les adopteraient. C'est parce que les Économistes modernes, au lieu de fonder la science sur les faits de tout temps universellement reconnus, l'ont assise de toutes parts sur des hypothèses purement gratuites tirées de leur propre fonds, qu'ils n'ont enfanté que des systèmes perpétuellement en contradiction avec ce que l'expérience a de tout temps démontré être aux hommes de toutes les nations qui, sans raisonner sur l'Économie politique, se sont trouvés la pratiquer. Que si cependant *les Économistes politiques de l'Angleterre, qui voudraient plus combattre la balance du commerce*, nous disaient sérieusement, comme nos Économistes, que les fabricans et manufacturiers dont nous avons ci-dessus rapporté les témoignages, *ignorent les procédés du commerce et les sources d'où provient la Richesse des nations* (1), nous répondrions par ce fait décisif, qu'en s'enrichissant, ils ont enrichi l'Angleterre. On le voit : la supériorité de science se manifeste en paroles chez les Économistes, en actions chez ceux qui pratiquent ; en vain les paroles sont orgueilleuses et méprisantes : tôt ou tard, le vent les emporte, et les *vérités pratiques* restent seules, malgré qu'on les eût qualifiées témérairement (pour ne pas dire *effrontément*, comme on nous en donne l'exemple) du nom de *vains systèmes*, de *funestes théories*, d'*idées creuses*, etc., etc.

L'Angleterre reconnaît l'absurdité de la balance du commerce, du système prohibitif, ne cesse-t-on de répéter. Observateurs superficiels ! les Anglais reconnaissent si peu l'absurdité de la balance du commerce, que, par une politique libérale en apparence mais au fond tout-à-fait raffinée, ils songent plus que jamais à tourner cette balance en leur faveur ; ils reconnaissent si peu l'absurdité du système prohibitif, qui a fondé leur puissance, qu'ils voudraient encore, en ce moment même, prohiber par des droits élevés tous les

____

(1) Catéchisme d'Éc. polit., par M. J.-B. Say, p. 104.

produits qu'ils espèrent pouvoir parvenir à fabriquer et que les étrangers peuvent livrer à meilleur compte qu'eux : ils le voudraient, comme auparavant, jusqu'à ce que leur industrie pût atteindre à les livrer à plus bas prix que l'industrie étrangère. C'est, comme on voit, persévérer dans leurs anciennes idées, c'est être parfaitement conséquent avec soi-même. Que s'ils ont consenti cependant à se relâcher sur plusieurs points, c'est que le gouvernement anglais, n'a pas dû mettre un instant en balance de légers et douteux avantages à venir, avec de très-grands, d'immenses avantages présens.

Voyez toutefois le résultat de la cessation des prohibitions, du relâchement ou de la suppression des droits de douane! Dès ce moment les papiers publics anglais nous apprennent « Que
» le commerce des soieries est en Angleterre
» dans l'état le plus déplorable; qu'à Spitalfield
» seul on compte 15,000 métiers sans activité,
» et environ 30,000 ouvriers sans ouvrage; qu'à
» Bethnal Green la détresse est encore plus
» grande; etc. » Qu'arriverait-il donc en France,
grand Dieu, si nous admettions librement tous
les produits que l'Angleterre peut livrer à meilleur
marché que nous! Pour un peu plus de soieries
(objets d'un usage borné, *reçus aujourd'hui en
Angleterre moyennant un droit de* 30 *pour* 0/0), de
vin, etc, que nous vendrions, combien d'autres in-

dustries fabriquant des objets d'un usage général, et qui par leurs rapides progrès allaient atteindre et peut-être bientôt surpasser les industries de la nation rivale, seraient pour long-temps et peut-être pour jamais ruinées en France! Notez que de vos produits d'un usage général, de votre blé, par exemple, que vous pourriez vendre aux Anglais moitié moins cher qu'il ne coûte en Angleterre, le gouvernement de cette nation n'en veut pas. Ah! c'est qu'il veut attirer abondamment votre argent et ne veut vous laisser attirer le sien que le moins possible : il sait par expérience qu'ainsi l'Angleterre peut continuer à rester la souveraine du monde, soit que l'argent surabondant qu'elle attire soit employé à soulever les nations contre telle autre qui lui donne de l'ombrage, soit que cet argent revienne à titre de prêt chez les nations d'où il a été attiré, circonstance bien autrement avantageuse pour l'Angleterre, qui par là devient réellement propriétaire des biens de ces nations.

O vous donc, pouvons-nous justement dire, qui voulez imiter la politique de ce peuple, prohibez par des droits de douane suffisans tous les produits que l'industrie anglaise peut livrer à meilleur marché que l'industrie indigène, et ne veuillez la liberté du commerce avec cette nation que lorsque votre industrie pourra livrer ces produits à meilleur marché qu'elle.

Encore une fois, ce que nous venons de dire est vulgaire, et n'a pas jusqu'ici été ouvertement méconnu par les gouvernemens. Mais Adam Smith, qui traite la balance du commerce de chimère et d'absurdité ; mais M. J.-B. Say qui, renchérissant sur les idées d'Adam Smith, proclame positivement que le peuple qui a le plus contre lui la balance du commerce est celui qui gagne le plus ; mais une foule d'autres publicistes qui ont adopté, sans examen sans doute, leurs idées, et les répètent sans fin dans les papiers publics, pour que les gouvernemens les adoptent : ont ébranlé l'opinion, ont rangé un grand nombre d'hommes d'état de leur côté, à tel point que les gouvernemens paraissent aujourd'hui indécis sur le parti à adopter, si même ils ne se décident déjà contre leurs intérêts.

Nous osons croire que le parti à prendre n'est pas douteux, et que les idées qualifiées si dédaigneusement de *surannées* et d'*absurdes*, doivent plus que jamais prévaloir, pour peu qu'on consulte les solides et réels intérêts des nations.

Nous sommes presque confus de nous appesantir si longuement sur une matière si simple en elle-même et qui est de nature à frapper tous les esprits ; mais les Économistes, en rejetant dédaigneusement la balance du commerce, qu'ils appellent un *système*, nous y ont contraint. « Un » temps viendra où l'on sera bien étonné qu'il

» ait fallu se donner tant de peine pour prou-
» ver la sottise d'un système aussi creux. » (1)
M. J.-B. Say dit cela à l'occasion de la balance du
commerce, qu'il condamne; nous le disons, nous,
à l'occasion du *système* que les Économistes veulent
substituer à la balance du commerce; car il est
bon que les lecteurs sachent que « nul n'a plus de
» systèmes que les gens qui se vantent de n'en
» point avoir. » (2)

M. Mac Cullock, Économiste anglais dont les
hommes d'état de l'Angleterre se plaisent, disent
nos publicistes triomphans, à écouter les leçons,
déplore aussi (3) que ses compatriotes aient
jusqu'ici attaché tant d'importance à avoir une
balance favorable du commerce. Nous voulons
croire que tout cela n'est pas une comédie, un
calcul, un leurre, de la part d'une nation qui cal-
cule tout et tire parti de tout, et que M. Mac
Cullock est de bonne foi; mais que les autres nations ne se laissent pas prendre à son langage (4),

(1) Traité d'Éc. polit., Tome I, p. 208.

(2) Traité d'Éc. polit., Tome I, page 173.

(3) Discours sur l'origine, les progrès et l'importance de l'Économie
politique, 1825.

(4) Au moment où ceci s'imprime (janvier 1826) les journaux
anglais, croyant que le gouvernement français est sur le point de si-
gner un traité de commerce favorable à l'introduction en France des
produits manufacturés de l'Angleterre, les journaux anglais, disons-
nous, en poussent un cri de joie, et rêvent déjà, comme une suite

ni à celui même, en apparence si libéral, des ministres anglais (1) qui suivent ses cours, comme s'y laissent prendre nos Économistes et nos politiques du jour; que les nations cessent entièrement, s'il est possible, d'être tributaires d'une nation éminemment plus industrieuse qu'elles, parce que c'est le joug qui les tient sous sa dépendance, et qu'il convient à leur dignité de s'en affranchir. Que ces nations, ouvrant sans crainte toutes les sources des connaissances utiles, développent donc l'industrie chez elles, sous l'abri de lois protectrices, prohibitives des produits de l'industrie anglaise : l'effet inévitable des prohibitions, sera que les artisans de l'Angleterre,

naturelle des avantages immenses à en retirer, l'extinction de la dette énorme (20 milliards et demi de francs) qu'a le gouvernement anglais. Très-heureusement pour la France, il paraît que cette nouvelle n'est pas fondée, puisqu'elle est contestée par le journal français l'*Étoile*. Ainsi, les démarches qu'est venu faire à cet effet à Paris un membre du ministère anglais (M. Huskisson) auront été sans succès.

(1) Voici la maxime favorite que le gouvernement anglais cherche et a tant d'intérêt à faire prévaloir partout *aujourd'hui* : « C'est seulement » par l'esprit de concurrence, par une liberté parfaite d'échanges, et » en souffrant la rivalité des nations étrangères, que l'on peut provo- » quer l'accroissement des moyens qui sont le plus sûr fondement de la » prospérité publique. » (Voir les discours officiels de M. Huskisson; voir aussi ceux des autres ministres anglais à ce même sujet.) L'*Étoile* paraît penser que si l'Angleterre consentait à recevoir librement nos blés, le libre commerce d'échange entre les deux nations pourrait en devenir l'immédiate conséquence. Certes, nous osons croire que non, et que notre gouvernement serait assez éclairé pour n'y pas consentir.

privés d'ouvrage, en viendront demander dans les nations mêmes auxquelles ils fournissaient leurs produits : il ne sera pas au pouvoir du gouvernement anglais d'empêcher leur expatriation. Ainsi, l'industrie se développera à pas de géant parmi les nations aujourd'hui tributaires de l'Angleterre; la population croîtra à proportion ; l'agriculture prospérera, par la demande incessamment plus grande qu'on fera de ses produits, et appellera elle-même incessamment au travail un plus grand nombre d'individus, lesquels, demandant à leur tour des produits à l'industrie, susciteront un accroissement dans la population industrieuse. Ainsi, les populations agricole et industrieuse croîtront à l'envi, par une action et réaction continuelles; et elles croîtront heureuses, puisque l'échange des produits entre ces populations, mettra dans toutes les familles les commodités de la vie; de plus, les mœurs seront bonnes et les peuples tranquilles, parce que le travail est le plus sûr gardien des mœurs, en même temps que, lorsqu'il procure aux masses les commodités de la vie, il ôte à l'ambition l'espoir d'y trouver un appui pour bouleverser; car, selon la remarque de Bossuet, « les grands, ambitieux, » et les misérables, qui n'ont rien à perdre, » aiment toujours le changement (1). » Par là

______

(1) Hist. univ.

les nations deviendront en elles-mêmes véritablement fortes, tranquilles, heureuses. Malheur à ceux qui entreprendraient de les troubler dans leur bonheur et leur travail ; car elles se soulèveraient probablement en masse, à la voix du souverain, pour fondre de tout leur poids sur les ennemis de leur repos. A la vérité, il n'en serait pas ainsi pour porter sans sujet la guerre chez un autre peuple ; mais ce ne serait pas, très-certainement, un mal.

CHAPITRE III.

Comment le luxe est un bien ; comment il est un mal. — Digression sur les Machines.

La plus étrange contradiction des Économistes modernes est sans doute celle de tonner contre le luxe, et d'appeler de tous leurs vœux le développement de toutes les industries qui l'alimentent.

Le mot *luxe* signifie, ce nous semble, *usage des choses superflues*, usage des choses destinées à satisfaire ce que Hume appelle les *besoins imaginaires*, lesquels, ajoute ce célèbre historien (1),

(1) Hist. d'Angleterre, maison de Stuart.

se sont extrêmement multipliés pour nous. Or, vouloir qu'on produise des choses superflues, et vouloir bannir le goût qui porte à en user, est contradictoire. La consommation, nous l'avons dit, appelle la production : bannissez du monde le goût des choses superflues, et vous tuez à l'instant toutes les industries qui produisent ces choses superflues.

Le luxe est un bien, en ce qu'il est un moyen de faire passer la sur-Aisance des riches dans les mains des pauvres, au grand contentement des uns et des autres; en ce que, par le travail qu'il excite incessamment, il appelle une population toujours plus nombreuse, qui peut n'avoir de bornes que celles que lui assigne la nourriture qu'une agriculture de plus en plus perfectionnée par suite de la demande toujours croissante qu'on fait de ses produits, peut fournir; en ce que, le travail étant excité au dernier point par l'appât du gain qu'il procure, les masses des populations sont maintenues paisibles, heureuses et exemptes de la corruption des mœurs, au lieu que l'oisiveté et la misère produisent tous les maux.

Si le peuple romain n'eût pas eu en mépris le commerce et les arts industriels, le travail l'eût enrichi et maintenu paisible dans Rome; il n'eût pas eu besoin d'emprunter sans cesse, de se mettre à la merci des grands, dont jamais il n'eût songé

à ravir de force les biens , causes toujours renais-
santes des troubles de cette cité ; parce que , alors,
les rentes de ces biens et ces biens eux-mêmes
eussent pu être attirés dans les mains du peuple,
en échange du travail qu'il eût fait pour satisfaire le luxe des riches. Les Romains, dès-lors ,
n'eussent pas porté la guerre dans le monde
entier ; car , « Contre ces dissentions domestiques,
» le Sénat ne trouvait point de meilleur remède
» que de faire naître continuellement des occa-
» sions de guerres étrangères : elles empêchaient
» les divisions d'être poussées à l'extrémité, et
» réunissaient les ordres dans la défense de la
» patrie (1). »

Après que Rome eût soumis le monde, comment
les provinces conquises , appauvries par les tributs , reconquirent-elle la Richesse, sinon grâce
au luxe de Rome ? En effet, dit un célèbre historien, « Les provinces auraient bientôt été épui-
» sées, si les manufactures et le commerce de
» luxe n'eussent rendu à des sujets industrieux
» les richesses que leur avaient enlevées les ar-
» mes et la puissance de Rome. » (2)

De même, sans le goût des choses superflues
ou luxe, heureusement né parmi les grands à la
suite des Croisades, l'industrie n'eût pas peu-à-peu

____

(1) Bossuet, hist. univ., *Révolut. des Emp.*

(2) Gibbon, hist. de la décadence et de la chute de l'Empire romain.

fait passer les biens des seigneurs dans les mains des roturiers, et n'eût pas fini par élever ces derniers à leur niveau ou même plus haut, comme chacun peut le voir en regardant autour de soi. Par le goût du luxe, qui a éveillé et donné l'essor à l'industrie, la féodalité, on ne peut le méconnaître, a été insensiblement minée et détruite sans retour. « La première naissance du commerce » et des arts, dit Hume, avait contribué à dis- » perser ces immenses fortunes des Barons, qui » les avaient rendus formidables au Roi comme » au peuple.... La haute noblesse, que son opu- » lence mettait au-dessus de l'économie ou même » du calcul, saisit les nouvelles inventions du luxe, » et se ruina bientôt par les somptueuses dépen- » ses du plaisir (1). Les recherches de luxe, dit » ailleurs le même historien, dissipèrent les for- » tunes immenses des anciens Barons ; les nou- » velles occasions de dépenses soutinrent, enri- » chirent les commerçans et les artistes : ils » vécurent alors, dans une douce indépendance, » du fruit de leur industrie. Un grand seigneur, » au lieu du despotisme qu'il était accoutumé » de déployer sur des gens nourris à sa table » ou à ses gages, ne conserva plus sur eux que » la supériorité modérée de celui qui commande » un ouvrage sur celui qui l'exécute : espèce de

____

(1) Hist. d'Angleterre, maison de Stuart.

» subordination dont l'état n'a jamais rien à
» craindre » (1). Ainsi, secondés par leurs Rois,
les Français ont pu peu-à-peu échapper au joug
féodal, et parvenir à ce point de civilisation et de
liberté où on les voit aujourd'hui. Plus le luxe
grandissait, plus vîte s'opérait le miracle. D'ailleurs,
le luxe seul est cause de ce grand mouvement
industriel qu'on remarque de nos jours parmi les
peuples civilisés.

Toutefois, on ne saurait le nier, à la suite du
bien marche souvent le mal. Le luxe, qui est
la source de tant d'avantages pour les peuples,
en devient aussi le fléau. « Ces nouvelles inven-
» tions ou ces progrès du luxe, dit le même his-
» torien que nous venons de citer, s'étendirent
» par degrés à tous les propriétaires; et ceux dont
» la fortune était médiocre, entre lesquels on
» comptait alors des gens fort bien nés, imitant
» ceux du rang qui était immédiatement au-dessus
» d'eux, se réduisirent à la pauvreté » (2). Les
désirs étant insatiables, on veut trop souvent,
en effet, user de plus de choses superflues que
le revenu qu'on a ne le comporte : de là, la ruine
des fortunes, le malheur des familles, et une classe
de mécontens prêts à tout entreprendre pour rentrer par la voie la plus courte dans leurs biens

(1) Hist. d'Anglet., maison de Tudor.
(2) Hist. d'Anglet., mais. de Stuart.

follement dissipés : Quand on a dissipé son bien, dit Tacite, on ne songe qu'à en réparer la perte par toutes sortes de voies, même par les plus criminelles. Ce n'est pas tout : l'insatiabilité des désirs fait que ceux même qui ont actuellement de très-grosses fortunes, soit qu'ils les aient reçues par héritage, soit qu'ils les aient amassées par leur industrie, veulent les accroître encore sans limite : ainsi s'établit l'aristocratie de la Richesse, plus réellement dangereuse désormais que celle de la naissance et des titres ; car « Les avantages » de l'opulence, sont si grands et si réels, que ceux » qui les possèdent ne doivent pas craindre l'ap- » proche de leurs inférieurs ; au lieu que les dis- » tinctions de la naissance et des titres, étant plus » vides et plus imaginaires, s'évanouissent bientôt » dans une fréquentation libre et familière » (1). Un pareil état de choses est alarmant et afflige. Ajoutez à ces résultats funestes du luxe, que l'usage des choses superflues amollit les courages, dénature les caractères, rend égoïste, efféminé etc., ce qui fait que ces mêmes biens qui, dans une nation, tentent la cupidité des autres peuples, rendent leurs possesseurs inhabiles à les défendre ; et ainsi tombent souvent les empires. « Dès que l'amour des richesses vient nous » saisir, dit Salluste, il étouffe talens, lumières,

____

(1) Hume, hist. d'Anglet., maison de Stuart.

» vertus; l'esprit perd sa vigueur, l'âme elle-même
» finit tôt ou tard par être dégradée. L'histoire
» nous fournit cent exemples de nations et de
» souverains qui, pauvres, s'étaient créé une
» grande puissance, et qui, devenus riches, l'ont
» perdue. Il ne faut pas même s'en étonner. Lors-
» que l'homme de bien voit le méchant, à la
» faveur de ses richesses, plus considéré, mieux
» accueilli, d'abord ses principes s'ébranlent; il
» flotte quelque temps dans l'irrésolution; mais
» enfin, si le crédit vient à l'emporter de plus
» en plus sur le mérite personnel, et l'opulence
» sur la vertu, il abandonne sans retour l'hon-
» nête pour l'utile... En un mot, partout où l'on
» attache un grand prix aux richesses, on y
» compte pour rien l'honneur, la probité, la
» bonne foi, la pureté des mœurs... »

Il est aisé de concevoir d'ailleurs que le travail employé dans une nation en choses superflues, en choses dont l'usage est si funeste, d'après
ce que nous venons de dire, est perdu pour les
ouvrages d'utilité réelle, qu'on eût pu faire dans
la nation en employant utilement tous les bras.

L'intérêt pressant du souverain, comme du chef
de famille, est que le travail ne soit pas improfitablement dissipé : or, il l'est, dès qu'on l'emploie à faire des choses superflues, qu'on consomme
dans la nation, dans la famille; il l'est même dan-
gereusement, puisque la corruption de la nation,

de la famille en résulte. Que si les produits sont vendus au-dehors par la famille, par la nation, la famille, la nation s'enrichissent à la vérité et voient croître leur puissance, mais c'est doublement aux dépens des acheteurs qui se ruinent et corrompent; oui, qui se ruinent et corrompent, quoi qu'en puissent dire les Économistes et les publicistes du jour, idéologues que tourmente à présent la manie de l'*industrialisme* et du *libre commerce d'échange*, sans distinction aucune des produits qu'on fabrique et qu'on reçoit, et sans s'inquiéter même si, dans la nation, on ne pourrait pas parvenir à fabriquer, pour vendre ensuite aux autres nations, les produits superflus qu'à présent on reçoit ou veut recevoir d'elles.

Peut-être néanmoins, à envisager la chose philanthropiquement, et, tout compensé, ce qui serait le plus désirable dans l'Économie sociale du monde entier, serait que toutes les nations fussent vaincues par le luxe : alors, la nécessité d'employer les bras à satisfaire incessamment ce luxe; l'enrichissement des classes pauvres, suite naturelle de cet emploi, feraient que les nations vivraient paisibles dans leur propre sein et les unes à l'égard des autres. On conçoit d'ailleurs que, si des machines venaient se substituer au travail de l'homme dans ce cas, au point de rendre ce travail de plus en plus inutile, ce serait un très-grand mal; car, les pauvres ne pourraient plus gagner leur vie; et, en supposant même qu'on leur procurât l'abondance par des aumônes ou par des taxes sur les riches; en supposant que les machines multipliassent les produits au point d'en faire jouir, sans travail, l'universalité des hommes qui peuplent l'univers : nous le demandons, ces machines ne seraient-elles pas un mal, en ce qu'elles laisseraient les populations oisives? l'homme, dont l'esprit est si inquiet, peut-il être heureux sans travail? l'ennui, le dégout de la vie, ne viendraient-ils pas le saisir au sein des délices? n'est-ce pas un fait que ces maladies morales n'atteignent que les riches oisifs? que,

Ni l'or ni la grandeur ne nous rendent heureux?

et que la gaîté, le bonheur sont, chez le pauvre, la conséquence immédiate du travail que la nécessité de se procurer l'Aisance lui fait faire?

Ainsi, la santé de corps et d'esprit, les bonnes mœurs, s'entretiennent, se conservent par le travail seul.

C'est à quoi les Économistes n'ont fait aucune attention, lorsqu'ils se sont prononcés si décisivement en faveur de l'usage illimité des machines. Ecoutons à cet égard le traducteur français de *l'Enquête faite par ordre du parlement d'Angleterre* : « Sur l'utilité de ses moyens de produc» tion, dit-il (1), les opinions ont été long-temps

______

(1) *Enquête faite etc. Disc. prélim.*

» partagées. Tandis qu'en France les hommes les
» plus éclairés en conseillaient l'emploi le plus
» étendu, d'autres soulevaient contre cette inno-
» vation la politique et l'humanité : il y avait,
» selon eux, barbarie et danger à substituer la
» force aveugle à la force intelligente, au risque
» de ravir à la classe ouvrière l'emploi de ses
» facultés et l'aliment de son existence : système
» étroit, funeste sur-tout aux intérêts qu'il paraît
» défendre, et que M. J.-B. Say, avec sa précision
» ordinaire, a renfermé dans cette formule : *Créer*
» *de la peine pour avoir le plaisir de la payer.* »

Remarquons d'abord qu'on appelle ici *peine*
le travail ; tandis que le travail n'est pas seulement
un trésor, comme dit La Fontaine, mais encore
une vraie jouissance, comme le dit Voltaire :

> Travailler, c'est savoir jouir :
> L'oisiveté pèse et tourmente ;

et faisons observer, en passant, que ce n'est pas
le travail d'esprit des savans et des hommes de
lettres qui procure la santé et le bonheur ; mais
le travail de corps, mais le travail de main, non
poussé jusqu'à la fatigue. Que deviennent donc
maintenant les beaux discours des Économistes
tendant à prouver qu'on doit étendre sans limite
l'usage des machines ? En effet, ces messieurs
ont raisonné dans l'hypothèse que le travail n'était
pas *nécessaire* à l'homme ; or, d'après la nature

de l'homme, le travail, indépendamment même des commodités de la vie qu'il lui procure *sans aucune humiliation*, lui est nécessaire, absolument nécessaire, puisqu'il est pour lui la condition du bonheur, de la conservation des mœurs, de la santé du corps, de la tranquillité d'esprit, toutes choses sans lesquelles le bouleversement des sociétés serait à tout instant imminent.

Il faut donc détruire la charrue, vont nous dire à l'instant les Économistes? Ah! non vraiment, pas encore. Mais, s'il y avait assez d'hommes sur la terre pour que l'usage de la charrue en laissât de désoccupés, il ne faudrait pas balancer à commencer à en restreindre l'usage, d'autant qu'en occupant les hommes qu'elle aurait laissés oisifs à bécher la terre, la terre, mieux travaillée, fournirait de quoi alimenter et entretenir un plus grand nombre d'hommes encore. Pour le moment donc, il faut continuer à employer toutes les machines qui facilitent la multiplication des *produits élémens de l'Aisance*; quand à la propagation des *produits élémens du luxe*, si le luxe est un aussi grand mal que le disent les Économistes, pourquoi voudrait-on les multiplier sans bornes au moyen de machines? ne vaudrait-il pas mieux, brûlant les machines qui les multiplient avec une effrayante rapidité, les faire produire lentement et en petite quantité par la masse d'ouvriers que ces machines ont laissés successivement sans ouvrage ? Après cela si, comme nous le croyons, il était un moyen d'appeler insensiblement ces ouvriers vers des travaux plus utiles que la terre réclame, vers la production des produits *réellement utiles* tandis que ceux du luxe sont *réellement plus qu'inutiles* puisqu'ils sont *réellement nuisibles*, alors, disons-nous, on verrait s'il n'y aurait pas lieu à restreindre ou à supprimer avec le temps l'usage de la charrue et d'autres machines *réellement utiles aujourd'hui*, que les mains de l'homme, qu'on ne doit jamais laisser oisives pour son bonheur même, pourraient suppléer.

Maintenant, à la fameuse formule, *Créer de la peine pour avoir le plaisir de la payer*, qu'on nous présente comme décisive en faveur de la substitution illimitée des machines au travail de l'homme, opposons celle-ci : *Annuler le travail des hommes pour avoir la douleur de les voir mourir de faim ou réduits à l'humiliation de mandier les nécessités de la vie qu'auparavant ils obtenaient, traitant d'égal à égal (amis de la dignité de l'homme, remarquez-le bien, traitant d'égal à égal), en échange d'un travail qui les rendait heureux et paisibles, au lieu que l'oisiveté, supposé qu'on les secoure aujourd'hui par des aumônes ou des taxes, perd leurs mœurs et les rend malheureux, inquiets, remuans, dangereux : témoin l'Angleterre*

Ajoutons à ce qui précède que s'il est des professions *réellement utiles*, qui soient dangereuses ou trop pénibles pour la santé de l'homme, là doivent être employées toujours les machines : là il faut en inventer s'il n'en existe pas. Quant aux professions du luxe, c'est-à-dire, pour le moins, *réellement inutiles*, qui sont dans le même cas, à plus forte raison n'y faut-il pas employer le travail de l'homme; mieux vaudrait mille fois supprimer ces professions.

Mais, encore une fois, les Économistes font-ils aucune distinction des produits utiles, ou inutiles, nécessaires ou pernicieux? font-ils aucune attention si, d'après sa nature, l'homme, pour être heureux, doit ou non travailler; et si tout le corps social, pour être tranquille, réclame ou non ce travail? Non, non : ils marchent, à la clarté des lumières du siècle, ou plutôt des leurs propres, sans apercevoir, éblouis sans doute, ce qui est à côté d'eux et que la totalité des autres hommes y verrait, si un petit nombre d'autres systématiques, qui ont en horreur la lumière, ne s'entouraient volontairement de ténèbres ou ne fermaient les yeux, pour ne point voir. Et voilà comment les excès extrêmes ont un même résultat, l'erreur : le trop de confiance et l'excès de la crainte s'opposant également à ce qu'on voie la vérité; la vérité, autant ennemie de l'orgueilleuse présomption que de l'excessive défiance. Ah! sachons profiter des leçons de l'histoire : « Les

» extrêmes, dit Hume, doivent être évités dans
» tous les genres ; et quoique entre deux factions
» opposées, on ne puisse se promettre de plaire
» à l'une ou à l'autre par des opinions modérées,
» c'est là que l'exacte vérité se trouve avec la
» plus grande vraisemblance. » (1)

Quoi qu'il en soit, dans l'état actuel où nous voyons les nations, il importe de rechercher si, dédaignant les conseils opposés et presque toujours intéressés des partis, par la répression même du luxe, on ne pourrait pas, d'une manière durable, rendre un peuple heureux et fort, moral et religieux, tout en l'attachant de plus en plus au gouvernement chargé de le régir et au sol de la patrie. C'est le plus important des problèmes qu'on puisse se proposer en Économie politique ; et, par bonheur, il n'en est point peut-être dont la solution soit plus facile et plus sûre en la mettant, non tout-à-coup, mais graduellement à exécution, et y faisant concourir peu-à-peu toute la législation. C'est ce dont on pourra se convaincre, nous l'espérons, en lisant les chapitres suivans.

____

(1) Hist. d'Angleterre, maison de Stuart.

CHAPITRE IV.

Intérêt des gouvernemens, vu la funeste influence du luxe.

Comme le trop de Richesse des individus amollit le caractère, corrompt les mœurs et devient un germe actif de destruction pour les nations, les gouvernemens devraient être attentifs à prélever des impôts d'autant plus forts sur les familles *sur-aisées*, que leur sur-Aisance devient plus grande.

Toutefois, comme ce qui corrompt véritablement les hommes n'est pas le Superflu en lui-même, mais le mauvais usage qu'on en fait, nous voudrions que les riches ne fussent atteints par l'impôt qu'en proportion du mauvais usage qu'ils seraient portés à faire de ce Superflu. On arriverait à ce but, en taxant d'autant plus les objets de luxe dont ils seraient portés à faire usage, qu'ils auraient une valeur plus grande et seraient plus inutiles et plus susceptibles de corrompre. Tellement, que le riche qui emploierait sa sur-Aisance à payer des travaux utiles, se trouverait, par ce fait même, exempt d'impôt.

Les objets élémens de l'Aisance seraient seuls

exempts d'impôt ; car l'usage n'en est pas nuisible, et, étant au contraire tout-à-fait indispensable, il importe au repos public et au bien-être général que le plus grand nombre possible y puisse atteindre : la taxe sur ces objets serait donc un véritable contre-sens. Tous les autres objets, ainsi que nous venons de le dire, en seraient au contraire frappés en proportion de leur valeur, de leur inutilité et de leur tendance à amollir ou corrompre les hommes.

Imposer l'agriculture et les professions utiles, est mettre une amende sur les élémens de l'Aisance, est faire que moins d'hommes y puissent atteindre, tandis que tous les soins du gouvernement et d'une sage politique, doivent au contraire tendre à les mettre de plus en plus à la portée de tous. Imposer les autres professions, est mettre une amende sur ceux qui usent de choses superflues, de choses pernicieuses, puisqu'elles tendent directement à amollir et corrompre la nation, comme l'expérience de tous les temps le prouve. Enfin, diminuer les ressources de la Pauvreté en l'imposant, ou en imposant les objets de ses pressans besoins, est injuste, inhumain, impolitique, immoral, irréligieux (1); mais, frapper d'impôt la

____

(1) Sous le règne de Jacques I.*er*, dont Hume dit que *l'histoire d'Angleterre n'a point de période où les avantages qui distinguent une nation florissante, aient reçu des accroissemens plus sensibles*, les petits propriétaires, dont le revenu était au dessous de vingt livres sterling n'avaient aucune part au subside.

sur-Aisance des riches, dès que l'orgueil la manifeste par de folles ou vaines dépenses, est très-politique, très-moral, très-religieux, très-indispensable, si l'on veut extirper du pays tout germe de corruption, comme c'est et doit être la prétention des gouvernans.

Avec l'impôt que payeraient ceux qui voudraient faire un mauvais usage de leur Superflu, le gouvernement ferait faire des travaux utiles, qu'exécuteraient les classes sous-aisées ou pauvres. Par-là, il n'y aurait pas de misère dans la nation, car le gouvernement devrait aussi nourrir ou prendre des mesures pour faire nourrir les individus pauvres absolument hors d'état de pouvoir travailler.

Avec les Aisances prélevées sur les riches par l'impôt, de la manière que nous l'avons dit, le gouvernement pourrait aussi entretenir une armée, s'il le croyait nécessaire (1). A l'exemple de Rome, tout le temps non nécessaire aux exercices durant la paix, serait employé par cette armée à exécuter des travaux utiles au pays, comme : à ouvrir des routes ; creuser des canaux ; couvrir le sol de toutes sortes de monumens utiles. Le moral et le physique du soldat gagneraient également-

(1) Au temps où nous vivons, cela est encore malheureusement indispensable, tant *la vraie fin de la politique* est encore ignorée des hommes d'état et des gouvernans !

ment à cela : mille faits, soit anciens, soit modernes (1), le prouvent.

L'impôt, très-fort sur les objets de luxe, ou en ferait discontinuer l'usage à l'avantage des mœurs, ce qui contraindrait les riches à employer utilement leur Superflu, c'est-à-dire à le faire passer directement dans les mains des classes pauvres, en échange d'un travail utile ; ou bien, le gouvernement verrait passer ce Superflu en très-grande partie dans ses mains, et l'emploierait à l'usage auquel il n'aurait pu contraindre les riches à l'employer.

Une nation se maintiendrait ainsi exempte de corruption ; et, paisible et heureuse, pourrait arriver, ce semble, à une durée qui ne connaîtrait pas de bornes.

L'exportation des objets de luxe serait permise : tant pis pour les nations qui, croyant s'enrichir (d'après les idées du jour), voudraient les acquérir.

L'exportation des objets de première nécessité ne serait permise qu'autant que ces objets seraient en surabondance dans la nation.

---

(1) Nous pourrions justifier cette assertion par beaucoup d'exemples. Bornons-nous à un seul de ceux dont nous avons été témoin : L'armée aux ordres de M. le général Marmont (aujourd'hui maréchal de France) a, il y a bientôt 20 ans, coupé de routes tous les sauvages pays de la Dalmatie ; qu'elle occupait. Les soldats de cette armée, devenus vigoureux et robustes par ces travaux, se couvrirent de gloire immédiatement après, à la campagne de 1809, qui valut à leur chef le bâton de maréchal d'empire.

L'importation des objets de luxe serait généralement proscrite. En les admettant dans son sein, Rome même, si fortement constituée, se corrompit et tomba, comme pour rendre encore plus manifeste la vérité de cette maxime antique rappelée par Montesquieu, que *l'opulence est dans les mœurs et non pas dans les richesses*. « L'histoire, » dit l'abbé Millot, fournit mille exemples de na- » tions corrompues par les richesses, qui n'ont » jamais été plus près de leur ruine, que lors- » qu'elles semblaient disposer des trésors de l'uni- » vers. » (1)

L'importation des objets de premier besoin serait permise, toutes les fois qu'il y aurait nécessité. Pas autrement, car le travail est indispensable à l'homme; et le travail le plus véritablement utile, est celui qu'on doit le plus encourager, le plus susciter dans une nation.

Remarquons, à cette occasion, que la prudence voudrait que, dans les années d'abondance où le blé est à vil prix, on en fit de grands approvisionnemens pour les années où il y a disette de cette denrée : ainsi le blé se maintiendrait à des prix plus sensiblement égaux, les achats de prévoyance empêchant l'extrême baisse, et les ventes des approvisionnemens l'extrême hausse. On ne verrait plus, dès-lors, ces alarmes soudaines, im-

____

(1) Élémens d'hist. générale.

possibles à calmer, s'emparer de tout un peuple à la première apparence, au plus léger bruit de l'insuffisance des récoltes : mouvemens d'effervescence qui ne sont pas sans grand danger, et que chaque génération a occasion de voir au moins une fois. Nous pensons donc que les villes, les communes et même les particuliers devraient faire des approvisionnemens de précaution en blé. Ce grain serait conservé, non dans des greniers où il n'est pas de longue garde, mais dans des *silos* où il se conserve durant des générations et même des siècles sans s'avarier (1). Au surplus, il est clair que l'appât du gain ferait qu'au moindre renchérissement, on commencerait à vider les silos ; et, comme il ne s'écoule guère dix ans sans qu'on voie doubler le prix du blé, on trouverait de grands bénéfices à de pareilles spéculations dont la philanthropie fait un devoir. Dût-on attendre quatorze à quinze ans (ce qui est peut-être sans exemple) pour que le prix du blé doublât, le placement de l'argent ainsi employé serait encore à 5 pour o/o par an à intérêt redoublés, c'est-à-dire à compter chaque année les intérêts des intérêts, ce qui est très-avantageux. Mais rentrons dans notre sujet.

(1) C'est ainsi qu'on conservait anciennement les blés dans quelques pays, et dans le midi de la France. Nous avons vu nous-même, à la maison de campagne où nous sommes né, plusieurs silos très-économiquement construits.

Si l'on ne pouvait pas exporter les objets de luxe, comme il ne faut pas les consommer dans la nation, la facilité à les multiplier par des machines, serait un mal réel; et, d'aucune manière même, il ne conviendrait de les produire.

Par ce qui précède, il est facile de comprendre que nous entendons qu'une nation s'attache, sur toutes choses, à puiser dans son propre sein tous les objets de ses réels besoins, et à en faciliter la distribution sur tous les points de son territoire, par des routes et sur-tout par des canaux sans nombre coupant le pays en tout sens. Ainsi, lorsqu'une calamité vient à frapper une province, les ressources des autres provinces y arrivent de toutes parts; et lorsque, sur quelque point que ce soit, le gouvernement veut accumuler des approvisionnemens, il peut les y faire arriver des points les plus éloignés où ils se fabriquent ou se trouvent en dépôt, avantage très-grand durant la paix, et immense durant la guerre.

Quant au commerce extérieur, nous ne pensons pas qu'on doive beaucoup s'y livrer. En effet, 1.º malheur à la nation qui puise habituellement les objets de ses réels besoins chez une autre nation: si, par quelque motif que ce soit, on vient à les lui refuser, dans quelle position ne se trouve-t-elle pas? et 2.º puisque les objets alimentateurs du luxe sont un poison corrupteur pour les nations qui en usent, pourquoi une nation les tirerait-elle du dehors, quand au dedans même il est de son intérêt d'en arrêter la fabrication, s'ils ne sont pas destinés à l'exportation?

S'il y a surabondance des objets de première nécessité, après les réserves dont nous avons parlé faites, il n'y a aucun inconvénient, et il n'y a même que de l'avantage à en permettre l'exportation ; car, acquérant par-là l'argent des autres nations, on prend d'autant plus d'ascendant sur elles qu'on en importe davantage, en échange des objets livrés. Si l'on peut en attirer par la vente des objets de luxe, il ne faut pas négliger ce moyen : leur usage amollit, effémine, énerve les nations à qui on les vend ; et, vous livrant leur argent en retour, elles s'affaiblissent doublement ; car, pour ravoir leur argent, il n'est rien à quoi elles ne consentent, ensorte que, par là seulement, vous en êtes maîtres ; et, corrompues comme elles sont par l'usage des objets de luxe, eussent-elles encore des trésors en leur puissance, vous en triompheriez sans peine. Que ne purent les Romains, durant 600 ans qu'ils ignorèrent le luxe, contre les peuples qui y étaient adonnés ! que purent toutes les forces du grand empire d'Asie, plongé dans le luxe, contre un aussi petit pays que la Grèce !

Nos publicistes demandent à grands cris que le gouvernement ouvre à la France les voies d'un immense commerce avec les peuples de l'Amérique.

Nous pensons qu'il serait bien plus sage de tourner toutes les forces de la nation vers le sol du pays, pour faire pénétrer de plus en plus les objets de l'Aisance dans toutes les familles, en changeant la face de la nation par des travaux sans nombre utiles à tous, et portant ainsi au comble sa réelle et non fictive prospérité. Quand quelques négocians, quand quelques manufacturiers se seront enrichis, la Pauvreté sera-t-elle bannie de la France? l'est-elle de l'Angleterre, pays qu'on nous propose toujours en exemple? des milliers d'ouvriers n'y crient-ils pas sans cesse misère, et quelque fois d'une manière bien alarmante pour le gouvernement? D'ailleurs, oublie-t-on que l'Angleterre est toute puissante sur mer, et qu'au moindre différend, elle pourrait se saisir de tout ce que la France aurait aventuré sur l'Océan? Quels ne seraient pas alors les regrets des imprudens qui sollicitent si fort aujourd'hui l'ouverture et l'extension sans mesure d'un moyen de richesse si trompeur et si précaire? Cet immense commerce soudainement arrêté, que deviendraient les classes industrieuses et autres qu'il occupait? Ne contraindraient-elles pas le gouvernement, par la crainte qu'elles inspireraient dans la nation, à souscrire à toutes les conditions honteuses qu'il plairait à un superbe ennemi de nous dicter? Quel opprobre pour la nation et le gouvernement! Si, pour éviter la honte, on résistait aux influences industrielles dont il est question, les bouleversemens n'en pourraient-ils pas devenir l'immédiate conséquence ?..... Non, non, que le gouvernement soit sourd au cris de l'*industrialisme* : qu'il fasse sortir de la France même le bonheur de la France, s'il veut que la France et lui continuent à rester indépendans : dans son sol sont les élémens du bien-être de tous ses habitans, et de trois fois, peut-être, le nombre de ses habitans : Le travail des classes pauvres, payé par la sur-Aisance des riches qu'il faut seule atteindre par l'impôt, n'attend que le signal pour l'en faire sortir, et porter la prospérité de la nation et la gloire du souverain à leur comble, de même que leur puissance, par l'étonnant accroissement de population qui incessamment en résultera. Quelle n'est pas la population de la Chine ! quelle ne fut pas la population de l'antique Egypte ! nations sans commerce extérieur, et tirant exclusivement de leur sein les objets de leurs besoins ?

Un pareil ordre de choses est-il chimérique pour *régénérer* une grande nation ? Nous ne le pensons pas. Le monde est encore bien jeune, quant à sa civilisation, et l'on ne sait pas encore jusqu'à quel point de perfection le concours des volontés du plus grand nombre, qui commence à prendre consistance, peut un jour porter les gouvernemens. D'ailleurs, ces gouvernemens eux-mêmes, à mesure que la science politique sera mieux entendu des hommes d'état, n'iront-ils pas de leur propre mouvement au-devant d'un ordre de choses seul propre à les consolider à jamais dans l'esprit des peuples, dont ils feront le bonheur et assureront la durée ?

On peut donc présager que les intérêts privés, qui aujourd'hui s'interposent à l'envi entre les trônes et les peuples, pour dévorer, sans profit pour les trônes ni les peuples, les impôts que paient ces derniers, disparaîtront, dans un avenir peut-être peu éloigné, sous la double tendance dont nous venons de parler. Alors, ce qui à présent semble un rêve, pourra insensiblement devenir une réalité. Les emplois inutiles disparaîtront, et le très-petit nombre d'emplois vraiment utiles ou ne sera pas rétribué, ou ne le sera que le moins possible. Ainsi la majeure partie des impôts pourra recevoir une destination doublement utile ; car, en servant à couvrir le pays de monumens d'utilité publique, elle passera aux classes pauvres, parmi lesquelles il faut compter les individus qui, sans ces impôts, eussent travaillé à des objets de luxe, au double détriment de la nation, si elle les eût consommés, puisque les objets de luxe corrompent, et que le travail qu'ils demandent eût pu être utilement employé dans la nation. Ainsi, la dangereuse influence déjà acquise parmi nous par une nombreuse population travaillant aux objets de luxe, s'affaiblira peu-à-peu; cette population, au lieu de continuer à nous corrompre par les objets qu'elle fabrique, se retournera peu-à-peu vers le sol, et s'y attachera; alors seulement elle deviendra véritablement nationale; et alors aussi, tous les efforts se tournant à l'utile, la France deviendra vraiment prospère, vraiment forte, vraiment morale.

N'en désespérons donc pas pour la gloire de l'homme qui, sans cela, démentirait sa noble origine : la raison triomphera, non par la violence, mais par la persuasion ; non tout-à-coup, mais par degrés, à mesure qu'elle se montrera davantage aux hommes dégagée des nuages dont l'aveugle ignorance (pour ne pas dire l'égoïsme et la mauvaise foi), et le faux-savoir (pour ne pas dire le charlatanisme), l'ont tour-à-tour obscurcie.

Qui percera ces nuages? La solide instruction.

CHAPITRE V.

Futilité et danger de l'éducation actuelle. Défaut de solide instruction, prouvé par des exemples.

Faite des langues grecque et latine et d'une foule de connaissances vaines que nous ne prendrons pas la peine d'énumérer, le fond de l'enseignement de la jeunesse, n'est pas un moyen de faire prospérer les nations, de former de bons administrateurs des fortunes particulières, et des hommes d'état, vraiment dignes de ce nom, propres à l'administration publique.

Par l'éducation actuelle, on obtient des hommes qui, ne comprenant pas même l'administration privée, aspirent immodérément à parvenir à l'administration publique. Ils sont hostiles envers les gouvernemens, tant qu'ils n'ont point de places; et, à peine en ont-ils une, qu'ils visent à une autre plus élevée. Ainsi les impôts doivent croître incessamment, pour satisfaire l'ambition toujours croissante d'un nombre incessamment plus grand d'ambitieux.

Dans un pareil état de choses, les gouvernemens sont sans force réelle, soit au-dedans, soit au-dehors, malgré l'énormité des tributs payés par les peuples. Leur situation devient de plus en plus critique; car, faibles comme ils sont, s'ils veulent continuer à satisfaire les ambitieux, par la création de places nouvelles, les peuples, poussés à bout par les taxes, peuvent se soulever; et, s'ils renoncent, d'un autre côté, à contenter l'ambition, l'ambition peut les renverser.

Par un meilleur système d'éducation, on inspirerait à chacun le goût d'administrer ses propres biens; les gouvernemens se verraient bientôt d'autant plus riches que les fortunes particulières seraient mieux administrées, et que moins d'ambitieux aspireraient à dévorer le trésor public ; ils deviendraient d'autant plus forts, qu'assaillis par moins d'ambitieux, ils pourraient alors diminuer les impôts, et s'attirer l'amour des peuples.

Au surplus , un bon moyen pour que les places fussent journellement moins recherchées, serait de les rétribuer journellement moins, comme ferait un particulier , jaloux de bien administrer sa fortune, à l'égard de ses salariés. Du reste, nous avons dit que tous les emplois inutiles devraient être supprimés, toute dépense du trésor public devant être *profitablement* faite, de même que celles des particuliers.

Si l'éducation des hommes pêche par les bases, celle des femmes est-elle ce qu'elle devrait être ? Le piano, le chant, la danse, la mythologie, l'histoire, la géographie, n'enseignent pas à être bonnes ménagères ; et qu'y a-t-il de plus utile pour la prospérité et le bonheur des familles qu'une femme entendant bien l'Économie domestique ? Leur en donne-t-on cependant aucune notion dans les pensions où on les élève ? Les ouvrages de main convenables au sexe, nous entendons ceux véritablement utiles dans une maison , leur sont-ils ensuite sur-tout enseignés ? Il n'y paraît guère. Dans l'antiquité, dans ces siècles qu'on nous dit de ténèbres, on pensait mieux, et le genre d'éducation dont nous parlons ici pour le sexe était en honneur depuis les dernières jusqu'aux premières classes de la société, puisque dans les palais mêmes des rois on en donnait l'exemple. Ah! qu'une pareille éducation, si elle est inappréciable pour les familles, est en même temps bonne gardienne des mœurs, et source abondante de bonheur! Que l'oisiveté, que la lecture des romans, que les riches parures, que les bals, que les fêtes sont insipides, en comparaison des jouissances vraies que procurent sans interruption les occupations continues utiles aux siens! En effet, dans quelque rang que l'on soit né, le travail utile est, pour l'un comme pour l'autre sexe, l'unique source du réel bonheur, comme de la santé et de toutes les vertus : ainsi Dieu même l'a voulu. Loin de nous cependant la pensée de vouloir bannir la musique, la danse et les autres arts aimables qui peuvent ajouter aux agrémens du sexe (s'il est possible d'y pouvoir ajouter) : nous ne sommes pas à ce point ennemi de l'homme ; mais nous désirerions seulement, pour l'avantage commun, que ce fût là l'accessoire et non en quelque sorte le fondement de l'enseignement chez les femmes. En un mot, nous voudrions voir briller dans toutes, comme nous le voyons dans quelques-unes, ce *mérite paisible, mais solide, accompagné de mille vertus qu'elles ne peuvent couvrir de toute leur modestie, qui échappent, et qui se montrent à ceux qui ont des yeux* (1).

(1) La Bruyère.

La solide instruction produirait de bons administrateurs des biens privés; et, parmi eux, il ne
serait pas difficile de trouver bientôt d'excellens
administrateurs de la fortune publique. Le bon
sens, le jugement sont sans doute les premières
qualités désirables pour bien administrer la fortune privée et la fortune publique ; mais la solide
instruction n'est pas moins indispensable. Prouvons-
vons-le par des faits.

On entend parler journellement avec enthou-
siasme d'associations qui, prêtant leurs fonds à
un intérêt modique, assurent en même temps
d'immenses avantages à leurs actionnaires. La
Caisse hypothécaire, était, avions-nous entendu dire
de toutes parts, éminemment dans ce cas. Or,
voici les articles des statuts de cette société, d'après
lesquels on doit la juger :

Art. 45. La Caisse hypothécaire prêtera aux propriétaires
fonciers, sur des immeubles libres de toute hypothèque
légale ou conventionnelle, les capitaux qu'ils demanderont,
jusqu'à concurrence de la moitié de la valeur de ces immeubles, estimés par une chambre de garantie.

Elle prêtera 10,000 fr. sur hypothèque d'un immeuble
évalué 20,000 fr.

Art. 46. Les prêts seront faits pour 20 ans.

Les intérêts des 20 années, à 4 pour 0/0 par an, seront
joints au capital prêté et formeront avec ce capital le
montant de l'obligation hypothécaire.

Elle sera de 18,000 fr. pour un prêt de 10,000 fr.

Art. 47. Le montant intégral de l'obligation sera remboursé par annuités égales, chacune du vingtième de la somme y portée (900 fr. pour le vingtième de 18,000 fr.).

Art. 48. Les capitaux seront fournis en obligations de la Caisse hypothécaire, auxquelles des primes seront jointes, et dont le payement sera déterminé par le sort.

Art. 50. L'emprunteur qui voudra échanger ces obligations contre espèces, en recevra le montant, soit de la chambre de garantie, soit de l'administration, moyennant l'escompte de $\frac{1}{2}$ par an du capital porté dans chaque obligation, ou autrement 10 p. 0/0 sur la totalité du prêt.

Cette faculté lui est conservée pendant les trois mois qui suivront la date de son engagement.

Analysant ces articles, il en résulte, ce nous semble, que, sur hypothèque d'un immeuble valant 20,000 fr., la société délivre un papier-obligation de 10,000 fr. à l'emprunteur, qui, voulant le réaliser en espèces, ne reçoit de la société que 9000 fr. en échange de ladite obligation, pour laquelle somme de 9000 fr. il est tenu de payer, durant 20 ans, la rente 900 fr.

Cela posé, au moyen de la formule des intérêts composés, donnée Liv. II, chap. I de nos *Élémens d'Économie privée et publique*, nous verrons que 9000 fr., à l'intérêt 10 pendant 20 ans, devenant 60,540 fr., c'est, les 9000 fr. restant propriété de l'emprunteur déduits, une somme de 51,540 fr. que, par de semblables placemens, la société, par chaque prêt de 9000 fr., verra, au bout de 20 ans, rentrer dans ses caisses : or, si, au bout de 20 ans, 9000 fr. deviennent

51,540 fr. pour les prêteurs, à quel intérêt annuel est le placement? La formule répond : à 9 fr. 12 c. p. 0/0.

Envisageant autrement la question, on pourrait dire :

On prête 9000 fr. dont on exige pendant 20 ans 900 fr. de rente, savoir : 400 fr. pour intérêt annuel, et 500 fr. pour annuité destinée à racheter le capital ;

Le fonds d'amortissement est donc 500 fr., l'intérêt $\frac{40}{9}$ pour 0/0 ; et la formule des intérêts composés fait voir dès-lors que le fonds de l'amortissement 500 fr., devenant 900 fr. au bout de 13 ans 6 mois 5 jours, rachète le capital au bout de ce temps (1) :

Donc, passé ce temps, l'emprunteur ne doit plus rien aux prêteurs qui, à tort, exigent la rente 900 fr. pendant encore 6 $\frac{1}{2}$ ans.

Ces résultats sont si effrayans pour les emprunteurs, sur-tout pour l'agriculture qui passe pour ne retirer généralement que 3 p. 0/0 de ses placemens, et qui, par conséquent, en empruntant de la manière susdite, se précipiterait rapidement vers sa complète ruine, que, pour la première fois, nous sommes porté à suspecter la science des calculs qui les donne. Notre défiance redouble,

____

(1) Voy., liv. III, chap. X de nos *Élémens d'Économie privée et publique*, la théorie de l'amortissement progressif des dettes.

lorsque nous voyons que le Ministère n'a fait autoriser la *Caisse hypothécaire* qu'après avoir pris l'avis du Conseil d'État. (L'Ordonnance royale d'autorisation est du 12 juillet 1820.)

Disons néanmoins ici que toute association qui promet des avantages immenses aux associés et des avantages non moins grands au public, se trompe nécessairement ou à son désavantage ou à celui du public; car le bon sens seul nous dit, que si les prêteurs gagnent beaucoup, ce ne peut être qu'aux dépends des emprunteurs, et que si le prêt est très-avantageux à ceux-ci, ce ne peut être qu'au détriment de ceux-là.

Quoi qu'il en soit, il est bien patent, par mille autres exemples, qu'on croit encore aujourd'hui aux miracles de la science financière, ce qui est bien pis, à notre avis, que de croire à la pierre philosophale. C'est pourquoi, on voit journellement des hommes enfanter systèmes sur systèmes, pour améliorer le sort des peuples et accroître les ressources de l'état, sans nuire, notez bien cela, à aucuns intérêts ni privés ni publics. Hélas ! un peu de solide instruction leur apprendrait, et apprendrait à tout le monde, qu'ils perdent leur temps, s'ils ne recourent pas exclusivement à ce moyen sûr, de tout temps connu, mais bien rarement mis en pratique : ce moyen consiste à supprimer peu-à-peu toutes les dépenses inutiles, au lieu de les multiplier indéfiniment, sans nécessité. C'est par là que Sully, en diminuant étonnamment l'impôt, parvint en peu d'années, non-seulement à éteindre les énormes dettes de l'état, mais encore à amasser au vraiment grand Roi dont il seconda si bien les vues, des trésors qui, si ce prince eût vécu, allaient mettre dans ses mains les destinées de l'Europe.

Mais croirait-on que le défaut de solide instruction est encore tel parmi nous, qu'il y a en France une foule d'hommes, prétendus très-instruits, assez superficiels pour croire et pour publier même dans des ouvrages d'Économie politique (témoin un, entre autres, qu'on vient de réimprimer en 1825), que les dettes de l'état ne doivent pas être éteintes? Il est impossible, à notre avis, de pousser plus loin la déraison. Qu'eût dit Sully, cet homme de sens, si ami de son pays et de son Roi, qui dans un siècle d'ignorance sut si bien, presque en toutes choses, démêler le vrai d'avec le faux? (1)

Enfin, pour dernier exemple (car il faut nous borner, ne pouvant tout dire) du défaut de solide instruction, nous citerons le passage suivant d'un livre intitulé *Nouvel essai sur la Richesse*

______

(1) On peut consulter sur les inconvéniens et sur l'extinction des dettes des particuliers et des gouvernemens nos *Élémens d'Économie privée et publique*, comme aussi à l'égard d'autres sujets importans, que nous n'avons pas même mentionnés dans le présent écrit.

des nations, publié en 1824, par un membre de la Chambre des Députés, Maître des Requêtes au Conseil d'État.

« Dans un gouvernement monarchique, c'est
» une source de Richesse que la magnificence
» du trône. Elle entraîne à sa suite le luxe d'une
» cour brillante ; la ville veut rivaliser avec la
» cour ; le mouvement se communique de proche
» en proche : aussi le gouvernement n'a-t-il aucun
» soin à se donner pour entretenir le luxe dans
» une capitale, résidence du souverain. Il suffit
» qu'il soit prémuni contre les banales déclama-
» tions des ignorans en faveur de l'économie,
» et sur le luxe des grands ; il suffit qu'il soit
» bien persuadé que la splendeur de la cour, que
» la magnificence des palais, des ameublemens,
» des habits, de la table, etc., est une source de
» Richesse en particulier pour une multitude
» d'artistes, de fabricans, de commerçans, d'ou-
» vriers de tout genre, et en général pour la nation,
» parce que ces artistes, fabricans, commerçans,
» ouvriers, en enrichissent d'autres par la dépense
» qu'ils font de l'argent que ce luxe leur a valu ;
» que ces autres, enrichis, font encore d'autres
» revenus à ceux dont ils consomment les pro-
» duits, et qu'on a de la peine à suivre dans sa
» rapide circulation ce cercle fortuné, qui fait
» que ces fonds, par les dépenses multipliées,
» reviennent entre les mains des riches qui ont

» fourni à ces premières dépenses, soit en con-
» sommant eux-mêmes, soit en payant l'impôt.
» Mais si les soins du gouvernement pour étendre
» le luxe sont inutiles dans la capitale, ils ne le
» sont pas dans les autres villes.... Que peut faire
» ici le gouvernement ? Bien rétribuer ses prin-
» cipaux agens dans ces villes et exiger d'eux
» qu'ils tiennent un état considérable..... L'on voit
» par là qu'elle est l'erreur de ceux qui, chargés
» de défendre les intérêts de leurs provinces,
» travaillent de toutes leurs forces à enlever aux
» magistrats de ces provinces les moyens d'avoir
» cette représentation convenable, qui n'est pas
» moins nécessaire à la considération que récla-
» ment la dignité et les intérêts du monarque,
» que précieuse dans l'intérêt de la Richesse géné-
» rale, et dans l'intérêt particulier des proprié-
» taires locaux. » (1) Selon le même auteur : *l'Es-*
pagne est pauvre, parce que son budjet est faible ;
l'Angleterre est riche, parce que le gouvernement
anglais a fait d'énormes dépenses (2) *; il faut,*
pour qu'un peuple soit riche, que les particuliers
vivent dans le luxe et fassent des dépenses considé-
rables, et que les gouvernemens fassent également
des dépenses très-considérables. (3)

(1) Pages 391, 392, 393 du livre cité.

(2) Page 326.

(3) Page 322.

C'en est assez : le lecteur nous dispensera de faire d'autres citations, et dira sans doute avec nous :

Pour qu'un gouvernement puisse faire des dépenses très-considérables, il faut que les impôts puissent être très-considérables ; pour que les impôts puissent être très-considérables, il faut, préalablement, que les peuples soient très-riches ; pour que les familles composant ces peuples deviennent très-riches, il ne faut pas qu'elles vivent dans le luxe et fassent des dépenses considérables, et, sur-tout, il ne faut pas que l'impôt leur enlève l'augmentation de Richesse annuelle que leur industrie et une stricte économie peuvent leur procurer annuellement : *la première pistole*, dit J.-J. Rousseau, *est quelque fois plus difficile à gagner que le second million.* Le gouvernement anglais peut faire d'énormes dépenses, parce que la nation anglaise est énormément riche ; le budget de l'Espagne est faible, parce que la nation espagnole est pauvre ; et, toutefois, si la nation anglaise est prodigieusement riche, le gouvernement anglais, par les *dépenses très-considérables* qu'il a faites, s'est prodigieusement appauvri, puisque, des 1500 millions que la nation anglaise met annuellement entre ses mains, plus de la moitié ne lui appartient déjà plus et passe à payer l'intérêt des dettes qu'il a contractées (montant à 20 millards et demi de francs) ; quant au gouvernement espagnol, il ne demanderait pas mieux que de pouvoir faire aussi de *très-grandes dépenses* et de suivre les conseils de l'auteur, mais il ne peut pas tirer un sou de sa nation par l'impôt, attendu qu'elle est dans la misère, ni des autres nations par les emprunts, attendu qu'elles ne se soucient pas d'aventurer leur argent : il a donc un pressant besoin des conseils de l'auteur, pour lui indiquer comment il doit s'y prendre pour se mettre promptement à même de pouvoir faire des *dépenses très-considérables*, comme l'auteur le lui conseille (1). Poursuivons :

(1) Nous lisons dans le *Journal des Débats* qu'une enquête faite en Espagne vient de faire connaître que c'est un trop grand degré d'instruction *scientifique* dans le peuple qui est la cause radicale du pitoyable état où l'on voit cette nation. Dans nos *Élémens d'Économie privée et publique*, nous avions, bien à tort d'après cela, avancé et cru prouver *positivement le contraire*. Au surplus, il ne parait pas qu'en France le gouvernement partage les idées de nos *trop doctes* voisins : partout il fait ouvrir à l'usage des simples ouvriers, des cours gratuits de géométrie et de mécanique appliquées aux arts et métiers. M. Ch. Dupin a le premier parmi nous donné l'exemple de ces cours, dont Adam Smith, à ce que nous croyons, a eu le premier l'idée, et dont l'Angleterre ressent de plus en plus les salutaires effets. On verra dans quelques années, par les résultats, leur prodigieuse influence chez le peuple le plus ingénieux de la terre. On verra ce que l'Espagne, si les sources de la solide et positive instruction lui sont de plus en plus fermées au lieu de lui être de plus en plus ouvertes, deviendra avec sa profonde ignorance : elle est bien bas, elle descendra plus bas encore ; mais s'il y a déjà quelques lumières dans la nation, qu'on prenne garde, en voulant les comprimer, de produire enfin une terrible explosion. Voici, quoi qu'il en soit, une réflexion de Salluste qui mérite attention : « Nuls monarques, nuls peuples, nulles républiques, dit-il, n'ont pros-

Ce qui importe à la dignité du monarque et à l'intérêt des propriétaires locaux, n'est pas que les magistrats des provinces aient beaucoup de domestiques, occupent beaucoup d'ouvriers de

» péré qu'autant que la liberté a régné dans leurs conseils. Du moment » que le crédit, la peur, l'intérêt personnel sont venus énerver les dé- » libérations, on a vu arriver immédiatement la décadence, puis la » ruine de leur pouvoir, et, en dernier résultat, l'esclavage. » Les gouvernemens anglais, français, etc., ont-ils tort de vouloir la liberté de la presse ? Ont-ils tort de vouloir s'éclairer chaque année au moyen de discours librement prononcés aux tribunes des deux chambres ? Avec la liberté de la presse, avec la liberté de discussion dans le Sénat et le Corps législatif, Napoléon eût-il fait tant d'extravagances, et, dès-lors, fût-il tombé ? Qu'a-t-il gagné à baillonner la presse, à peupler de ses créatures la majorité de ses chambres, devenues, par leur lâcheté persé- vérante, nous ne dirons pas la risée, mais le mépris de la nation ? Pour être respecté, il faut être respectable ; et comment les grands corps de l'état peuvent-ils l'être, si, au lieu de défendre constamment les inté- rêts des peuples (qui, en dépit de tous les sophismes, sont toujours ceux du trône même), les membres formant la majorité de ces corps ont la bassesse et l'impudeur de les sacrifier à tout instant aux intérêts particuliers ? On peut bien, enchaînant la presse et les langues, em- pêcher de publier tant de turpitude ; mais de quoi cela sert-il, s'il n'est personne qui ne la voie, si le burin de l'histoire la grave déjà en traits ineffaçables sur l'airain, si sur-tout les chambres et le pouvoir, qui se croient sur un terrain sûr, sont sur un gouffre qui, à la pre- mière secousse, va les engloutir ? Ah ! redisons-le sans fin : l'on n'est fort qu'avec l'amour des peuples ! que peut-on redouter quand on est aimé des peuples ? Quand le trône a sa racine dans les cœurs, on ne peut le renverser qu'en exterminant la nation : l'histoire est là qui dé- pose à chaque instant comment les trônes croulent au moindre effort ou se soutiennent contre les plus rudes attaques ; hélas ! elle est là aussi, cette même histoire, pour témoigner combien peu, dans tous les temps, on sait profiter de ses leçons. Si pourtant, ainsi que le dit

luxe à travailler à leur ameublement, à leur habil-
lement, à couvrir leur table de mets exquis et
surabondans, etc. ; mais, au contraire, l'intérêt
pressant du monarque et des propriétaires locaux

Bossuet (hit. univ., révolut. des Emp.) *à la réserve de certains coups
extraordinaires où Dieu voulait que sa main parût toute seule, il n'est
point arrivé de grand changement qui n'ait eu ses causes dans les siècles
précédens*, combien les hommes d'état et les princes sur-tout ne doi-
vent-ils pas se pénétrer des utiles enseignemens qu'elle fournit! L'Espagne
qui n'en a pas d'idée, qui ignore tout, même sa profonde ignorance
(puisqu'elle se croit trop instruite), aura beau renouveler ses Conseils : elle
ne se relèvera pas, tant que l'esprit *d'obscurantisme* les dominera, tant
que la puissance civile ne sera pas rentrée dans tous ses droits, et dans
la disposition de toutes les ressources du pays, dont dispose à présent
le clergé ; tant qu'un mur d'airain n'aura pas contenu dans des bornes
insurmontables la puissance spirituelle dont l'ambition des prêtres, hommes
comme nous, a toujours été portée à abuser, ainsi que toute l'histoire
le témoigne ; tant que, pour toutes leurs actions civiles, ces prêtres ne
ressortiront pas exclusivement de la puissance civile qui, d'une main
ferme, doit contenir sous son joug tous les citoyens, sans distinction
d'emploi, de rang, ni de titre. La Religion est un don de Dieu, indispensable aux peuples : ah ! que la Religion fleurisse donc, mais par
les seules vertus de ses ministres ! plus nous y réfléchissons, et moins
nous saurions concevoir qu'elle puisse fleurir autrement, et que tout
autre moyen n'amenât son rapide déclin, en dé   lérant ces ministres.
Extirper des cœurs l'amour des richesses, tel doit être le but d'une
sage législation, tel est le but sublime où a voulu tendre le divin auteur de
notre Religion. Le clergé espagnol a-t-il atteint ce sublime but pour
lui-même ? Qu'il ose répondre. A-t-il été exempt d'ambition, s'est-il dé-
fendu des richesses ? Or, si Dieu lui-même a dit : *On ne peut à-la-fois
servir Dieu et les richesses ;* et s'il est vrai, s'il est manifeste qu'il a servi
et qu'il sert encore les richesses, qui osera dire qu'il a servi et qu'il continue à servir Dieu, quand Dieu lui-même prononce sa condamnation ?
Disons-le : rien ne prouve mieux la divinité de la Religion du Christ,

est que, soit le gouvernement qui prélève l'impôt, soit les particuliers sur qui on le prélève, dépensent tout l'argent donné de trop aux magistrats et si mal employé par eux, en travaux *utiles* que feront ces mêmes domestiques et ces mêmes ouvriers de luxe, dont les magistrats consommaient le travail sans qu'il en restât aucune trace *utile* sur le sol du pays.

La dignité du monarque exige que les magistrats prodiguent l'argent du trésor en dépenses superflues ! Eh non ! la dignité du monarque exige impérieusement qu'ils n'insultent pas par leurs profusions à la misère de ceux de leurs semblables qui manquent de pain, et sur lesquels cependant (si peu qu'ils possèdent) on prélève une partie de l'argent qui sert à ces profusions; la dignité du monarque exige seulement que les magistrats

que de la voir subsister malgré les turpitudes de ses ministres : c'est la plus grande épreuve qu'elle pût subir. Rendons-nous donc : suivons, imitons à jamais le Christ ! mais que ce ne soit plus en paroles, que notre conduite démente ; mais en actions réelles, positives, manifestes, palpables, toutes conformes à ses divins préceptes : la Religion, d'accord avec la plus saine Économie politique, nous en fait un devoir à tous. Évitons sur-tout qu'on puisse nous appliquer ces paroles de l'Évangile : *Pourquoi voyez-vous une paille dans l'œil de votre frère, vous qui ne voyez pas une poutre dans votre œil ? Ou comment dites-vous à votre frère : Laissez-moi tirer une paille de votre œil, vous qui avez une poutre dans le vôtre ? Hypocrite, ôtez premièrement la poutre de votre œil, et alors vous verrez comment vous pourrez tirer la paille de l'œil de votre frère.*

(Note ajoutée pendant l'impression.)

soient probes, vertueux, instruits, laborieux, capables, et sur-tout qu'ils n'aient pas de faste, car les vices sont enfans du luxe, et ce qui importe vraiment à la dignité et à l'intérêt du monarque, c'est que, par l'exemple des magistrats, le luxe et les vices disparaissent au plutôt de la nation, au lieu de se propager de plus en plus par les mauvais exemples.

Vous voulez réformer les mœurs et les vices, vous voulez rendre les cœurs accessibles à la Religion ? Faites des lois tendant à extirper le luxe, car là est la racine du mal ; imposez avec gradation et enfin exorbitamment les fastueuses dépenses des riches ; diminuez graduellement et de plus en plus les traitemens des salariés de l'état, afin de réduire de plus en plus leur luxe, et de l'anéantir ainsi chez eux avec une double rapidité; car, avant tout, ils doivent aux peuples le bon exemple. Ainsi, la cause de nos maux, *cette force toute puissante de la cupidité, cèdera bientôt à l'ascendant des bonnes mœurs,* comme le dit Salluste, homme dans son temps dévoré de l'amour des richesses et perdu de débauche, et par là même, peut-être, à cet égard, juge plus compétent. Mais sans cela, le mal empirera, et vous-mêmes en serez la cause. Dans des lois inspirant la crainte, pensez-vous trouver le remède au mal ? Insensés! par elles, vous le redoublez ! car vous produisez l'hypocrisie, vous refoulez tous les vices dans les cœurs, pour mettre un instant sur les lèvres l'apparence des vertus ; vous achevez de dégrader l'homme, car l'hypocrisie est le dernier terme de l'infamie : c'est pour elle, n'en doutons pas, que Dieu réserve ses *trésors de colère*. Qui veut la fin, doit vouloir les moyens : or, Dieu même a daigné nous le dire : *On ne peut servir à-la-fois Dieu et les richesses*. Servir Dieu, c'est avoir le cœur exempt de vices : Dieu ne se paye pas (un grand saint l'a dit) de vaines paroles, ni de vaines démonstrations : malheur à celui qui n'a que l'apparence des vertus ! C'est dans les cœurs et non sur les lèvres que Dieu veut les voir, et le regard de Dieu nous pénètre ! *On ne peut servir à-la-fois Dieu et les richesses* ; car dès que les cœurs commencent à aimer les richesses, ils commencent à accueillir les vices, ils cessent de servir Dieu. Comme les empires, les religions, si elles ne sont toutes divines, s'écroulent par suite de l'amour des richesses ; comme les empires, les religions s'élèvent et prospèrent par la pratique des vertus, exclusive de l'amour des richesses. Dieu se retire des nations que vicie la Richesse, et vient à celles qu'elle ne vicie pas. Ouvrez l'histoire, et dites-nous par quelle voie Dieu a élevé le Christianisme ? par quelle voie il a précipité le paganisme ? La Pauvreté vertueuse n'a-t-elle pas amené le triomphe complet du premier ? Tous les vices, enfans de la Richesse, n'ont-ils pas ruiné complètement le dernier ? Mais c'en est assez : à quoi bon nous étendre davantage sur ce point, quand nous avons rapporté l'arrêt de Dieu même sur les nations qui ne répriment pas l'amour des richesses, qui ne l'extirpent pas de leur sein ? Continuons donc à répondre à notre auteur :

La splendeur du trône n'est pas dans la magnificence des palais, dans le luxe d'une cour brillante, mais uniquement dans le bonheur des sujets; car, comme le dit Rollin (1), *la Providence ne place les Rois sur leur trône que pour le bien des peuples;* or, le bien des peuples découle immédiatement de l'exemption d'impôt des classes pauvres, et des travaux *utiles à tous* faits dans la nation par elles aux dépens du luxe des riches qu'on doit atteindre par l'impôt : par là , 1.º vous procurez l'Aisance aux pauvres; 2.º vous contraignez les magistrats et les riches à réduire leur luxe, ce qui est un retour vers les bonnes mœurs et la Religion; 3.º vous couvrez le pays de monumens d'utilité réelle; 4.º vous faites, par le bonheur des peuples, disparaître toute cause de troubles dans la nation; 5.º vous élevez au faîte la solide gloire du Souverain; 6.º vous portez au comble sa puissance, vous la rendez absolue, car avoir le cœur des peuples, c'est en être maître, c'est être le

______

(1) Hist. anc.

plus fort possible (1). *Ayant le cœur de mon peuple,* disait Henri IV, *j'en aurai ce que je voudrai.* Voilà le lustre qu'ambitionnait ce prince pour son trône, devenu si éclatant par l'amour des Français et l'admiration de l'univers.

Que le Maître des Requêtes et le Député nous dise, si l'habit percé de Henri n'est pas plus honorable que les habits d'or (clinquant de la puissance) dont il voudrait que se revêtissent les souverains, les courtisans, les magistrats? Qu'il nous dise depuis quand la considération des peuples ne s'acquiert plus exclusivement par le bien réel qu'on leur fait? Depuis quand elle s'acquiert par les folles dépenses, qui ruinent et les gouvernans

---

(1) Telle loi qui, par sa nature, aurait pour résultat d'aliéner du gouvernement le cœur d'un grand nombre des individus d'une nation, parce qu'elle blesserait immédiatement leurs intérêts, pourrait bien être considérée par quelques-uns comme *éminemment monarchique;* mais, en réalité et en dépit de tous les sophismes, nous ne craignons pas d'avancer qu'elle serait *éminemment anti-monarchique.* Puisse donc une pareille loi (dont la prospérité publique se ressentirait) n'être jamais consentie, si, contre tous les principes économiques et naturels, on venait à la proposer. Quelque imposante que soit l'autorité de Montesquieu, nous croyons que c'est une bien grande erreur de croire qu'il y ait plusieurs voies pour bien gouverner, et qu'elles diffèrent selon que la nation est constituée en monarchie, en république, etc.: il nous semble en effet que, quel que soit le gouvernement, pour bien gouverner, il n'est qu'*une seule, une unique* voie : c'est celle qui conduit les peuples au bonheur : malheur au gouvernement, quel qu'il soit, qui ne la suit pas et se fourvoie! qu'il redoute l'inimitié des peuples et les jugemens impartiaux de l'inflexible histoire! Quelle politique, bon Dieu, que celle qui augmente

et les gouvernés? Depuis quand la dignité du souverain et du pays est dans un vain luxe de cour et dans un vain luxe des salariés, et non dans la force que donnerait une formidable armée qu'on pourrait entretenir avec partie de l'argent qui paye ce luxe, armée qui pourrait être non moins utile durant la paix que durant la guerre? Qu'il nous dise si ce n'est pas ainsi que Charlemagne fit respecter sa dignité, ou si ce fut par un vain luxe? *Sa maison*, nous dit l'histoire, *était un modèle d'économie, et sa personne un modèle de simplicité et de véritable grandeur ;* on connaît

le nombre des mécontens! que celle qui tend à fortifier dans la nation l'appui qu'y cherchent, pour bouleverser, les ennemis de l'ordre existant! Ah! bien loin d'en agir ainsi, par des lois *populaires*, c'est-à-dire *favorables aux peuples*, ne laissez dans la nation aucun appui aux ambitieux ni du dedans ni du dehors : attirez à vous seul exclusivement l'amour des peuples; forcez, par le bien que vous ferez, et par une sollicitude *égale* pour tous vos sujets, tout le monde à vous aimer : les sages lois que vous ferez pour cela, seront, n'en doutez pas, *éminemment monarchiques*. Monarques, il n'est que les lois *éminemment nationales* qui soient *éminemment monarchiques ;* car elles seules peuvent consolider à fond et à jamais votre empire, en l'étendant aux cœurs mêmes. Si, chez un peuple voisin, il existe encore des germes de troubles pour l'avenir, c'est à sa législation à les faire insensiblement et sans retour disparaître, s'il veut éviter plus tard d'horribles déchiremens. N'imitons des institutions de nos voisins, que celles qui sont vraiment bonnes, c'est-à-dire favorables aux peuples : songeons que ces dernières seules, peut-être, empêchent chez eux que les autres ne portent leur fruit, c'est-à-dire n'occasionnent des bouleversemens.

(Note ajoutée pendant l'impression.)

d'ailleurs ses bienfaits, et nul n'ignore la vaste étendue de ses vues : elles tiennent du prodige dans un tel siècle ; nous n'en citerons qu'une seule que, faute de capacité, les Français ne purent mener à fin : il entreprit de joindre l'Océan à la Mer Noire, par un canal de communication entre le Rhin et le Danube.

Que l'auteur nous dise si c'est par ses principes sur les impôts et la manière de les dépenser, ou par ceux que nous défendons, que Trajan, Antonin, Marc-Aurèle, Henri IV sont devenus l'amour de l'univers ; et si Titus, moins sagement économe qu'eux, eût été placé aussi haut qu'eux dans l'estime des hommes, sans les calamités publiques qui lui fournirent l'occasion d'exercer ses prodigalités envers les malheureux qui en avaient été atteints ?

Est-ce le luxe qui a jamais donné la puissance ? Qui a fait tomber Rome et tous les empires, sinon le luxe ? Quand Rome est-elle montée au faîte du pouvoir, sinon lorsqu'elle ignorait le luxe ? Qui l'en a fait descendre lorsqu'elle s'est adonnée au luxe, sinon des peuples ignorant le luxe ? Qu'a pu le luxe du grand empire d'Asie contre les Grecs d'abord, contre Alexandre et une poignée de Macédoniens ensuite ? Et quand Alexandre et les Macédoniens ont été amollis par le luxe, ne sont-ils pas descendus eux-mêmes au rang des lâches qu'ils avaient vaincus ?

« J'ai souvent réfléchi, dit Salluste, sur les
» moyens par lesquels les plus grands hommes
» avaient fondé leur puissance ou celle de leur
» nation ; j'ai ensuite recherché les causes qui
» avaient amené la chûte des royaumes et des
» empires les plus florissans; et j'ai toujours trouvé
» pour résultat les mêmes vices et les mêmes ver-
» tus : dans tous les vainqueurs le mépris, et dans
» tous les vaincus l'amour de la Richesse. »

Pour nous renfermer dans notre histoire, comment Charles V, si justement surnommé le *Sage*,
s'est-il acquis la réputation d'*un des plus grands
modèles dans l'art de régner?* Est-ce en augmentant
l'impôt et multipliant les dépenses inutiles qu'il
a fait fleurir l'agriculture, encouragé le commerce,
répandu l'aisance dans la nation, eu une flotte
considérable et jusqu'à cinq armées sur pied après
avoir eu peine au commencement (tant l'état était
malheureux et épuisé quand il en prit les rennes !)
à rassembler un corps de 1200 hommes ? Non : le
secret de tant de force et de véritable grandeur,
il le trouva tout entier dans la plus sévère économie qui, en soulageant le peuple par l'allége-
ment de l'impôt, permit néanmoins à ce grand et
vertueux Roi, d'amasser un trésor montant, à sa
mort, à 17 millions, somme très-considérable pour
ce temps ; *et plus*, dit l'histoire, *la nation sentait
le bonheur, plus le Roi avait de force.*

On le voit, au 14.ᵉ siècle on pratiquait la

science économique; au 19.ᵉ, non-seulement on
ne la pratique pas, mais les hommes qui en veulent
donner des leçons semblent méconnaître même
l'A,B,C de cette science, et poussent tour-à-tour
les gouvernemens vers les plus fausses directions.
Mais continuons à presser l'auteur de questions.

Qui perdit François 1.ᵉʳ, sinon ses dissipations
en superfluités? « C'est la principale cause des
» malheurs de François Iᵉʳ, dit l'abbé Millot dans
» ses *Élémens d'histoire générale*, d'avoir aimé
» les plaisirs autant que la guerre, sans jamais
» connaître l'économie, si nécessaire même dans
» la paix. »

Etait-ce en l'imitant, en dissipant les impôts en
folles dépenses, que Henri IV prétendait abaisser
la maison d'Autriche et devenir l'arbitre de l'Europe?

Quel avait été l'effet des profusions immédiatement avant Henri IV? Quel ne fut-il pas immédiatement après?

Est-ce avec son luxe et ses folles dépenses que
Louis XIV s'est montré d'abord si redoutable à
l'Europe sur terre et sur mer? N'est-ce pas avec
ses armées et ses flottes? Le luxe et les folles dépenses n'ont-ils pas ruiné ensuite lui et la France,
malgré que le grand Colbert administrât les finances? Mais que pût ce Ministre, dont les sages re-
présentations n'étaient pas écoutées, et que Louis
eut d'ailleurs le malheur de perdre! et qu'arriva-t-il,

en définitive ? Que, par l'effet du luxe et des folles dépenses, Louis perdit sa grande puissance, et faillit perdre la France.

Se peut-il, ô ciel ! qu'au 19.ᵉ siècle, on soit obligé de combattre de pareilles erreurs! Quels sont donc, bon Dieu, les *propriétaires locaux* qui ont chargé l'auteur-député de les faire prévaloir ?..... Ah ! détournons les yeux de notre siècle, si profondément ignorant en Économie politique; et, rétrogradant de deux cents ans, allons nous instruire à l'école de l'immortel Sully. Oui, il en est temps, laissons là tous les vains systèmes, nés de l'orgueil, et revenons au positif, né de l'expérience.

CHAPITRE VI.

Extraits des Mémoires de Sully, corroborant les principes précédemment émis. — Caractère de la bonne, de la mauvaise administration publique. — Les emprunts sont-ils aujourd'hui une nécessité pour les grands états, comme on le prétend? — Seule voie de salut pour les gouvernans.

La mémoire de Henri IV est adorée : son règne doit servir éternellement de modèle aux princes qui aiment leurs peuples. Ses principes de gouvernement sont donc, comme le dit l'abbé Millot, la meilleure leçon pour les souverains, pour les hommes d'état, et pour quiconque veut connaître les sources de la félicité publique. Par les citations que nous allons faire de quelques passages des Mémoires de Sully, les lecteurs pourront prendre une juste idée de ces principes.

« L'aversion que j'ai marquée dans ces Mé-
» moires contre tout ce qu'on appelle *luxe*, a pu
» faire penser, dit Sully, que les dépenses folles
» et superflues étaient rigoureusement taxées, et
» on ne se trompe point : on peut même être
» assuré que, si j'avais été cru, outre le retran-
» chement d'une grande partie de ces dépenses,
» incompatibles avec les besoins pressans d'un
» état, je n'aurais toléré ni les carrosses, ni les
» autres inventions du luxe, qu'à des conditions
» qui auraient coûté cher à la vanité. S'il est né-
» cessaire de donner ce frein au luxe, dont la
» contagion a gagné insensiblement toutes les
» parties de l'état, il l'est encore bien davantage
» d'en arrêter les funestes suites, dans ceux pour
» lesquels il n'est plus simplement une occasion
» de dissipation et de mollesse, mais un instru-
» ment de corruption et de ruine domestique. »
(Tome V, p. 251.)

« Je faisais pousser l'économie au Roi jusqu'à
» lui reprocher la plus petite dépense inutile ;
» je lui amassais des trésors ; je remplissais ses

» magasins et ses arsenaux; je lui montrais com-
» bien tout cela allait le rendre redoutable à
» l'Europe. » (Tome IV, p. 266.)

« Henri faisait un si grand fond sur l'économie
» avec laquelle il prétendait conduire ses finances,
» qu'un dessein (1) qui lui prescrivait d'assez gran-
» des sommes d'argent à amasser, ne lui parais-
» sait nullement incompatible avec celui de sou-
» lager le peuple, par la diminution des impôts,
» qu'il ne perdait point de vue. » (Tome IV,
p. 138.) (*Amasser des trésors et diminuer l'impôt!*...
quel immense et double avantage! Par quel moyen
Henri-le-grand et le sage et immortel Sully trou-
vèrent-ils le secret de le faire? *Par l'économie,
par le* RETRANCHEMENT DES DÉPENSES INUTILES.
Hommes à projets, profonds financiers, laissez là
vos funestes théories, car la science des finances
est toute dans ce peu de mots, et elle n'est à coup
sûr que là.)

« Henri acquit tous ces trésors, non-seulement
» sans rendre le peuple plus misérable, mais en
» le soulageant considérablement du fardeau qu'il
» portait. » (T. IV, p. 290.)

« Il était encore plus nécessaire de se passer
» des marchandises de nos voisins, que de leur
» monnaie. Le royaume était entièrement rempli

______

(1) Celui de rendre la France prépondérante en Europe, en abaissant
la maison d'Autriche.

» du travail de leurs manufactures. » (Tome. III,
p. 105-106.)

Sully regarde (Tomme III, p. 116.) *l'excessive
quantité d'employés* comme *un des avant-coureurs
de la ruine des états.*

« Presque tous ceux qui entrent dans les charges
» n'y apportent point de plus forte disposition
» qu'un penchant invincible à s'élever et à s'en-
» richir, eux et tous leurs parens. Si cette soif
» des richesses ne se fait pas sentir à eux dans le
» commencement, elle naît bientôt, croît et s'irrite
» par tout l'argent qu'ils touchent. » (T. II, p. 163.)

« Un royaume doit être conduit par des règles
» générales : les exceptions seules produisent la
» plainte et le mécontentement. » (T. II, p. 421.)
(Un homme d'état ne doit jamais perdre de vue
cette maxime, selon Sully.)

« La première loi du souverain est de les ob-
» server toutes. » (T. II, p. 287.)

Terminons par des traits qui font voir combien,
en tout point, Henri était véritablement grand, et
digne de l'amour et de l'admiration de ses con-
temporains et de la postérité.

« Sous Henri III la taille rapportait 31,654,400 liv.
» Au lieu de se laisser entraîner au mauvais exem-
» ple, Henri-le-Grand, quoiqu'il eût des dettes in-
» finies à acquitter et des dépenses considérables
» à faire, n'a voulu en retirer de bon que 16 mil-
» lions, moitié des tailles et moitié des fermes.

» Si ce prince a trouvé, malgré cela, le moyen
» de mettre 20 millions dans ses coffres, comme
» on le verra dans la suite, il n'en a eu l'obli-
» gation qu'à une économie qu'on ne connaissait
» point, et dont peut-être on aurait eu honte
» sous les règnes précédens. » (T. V, p. 178.)

« Il (le Roi) avait fait dessécher des marais,
» pour s'essayer à un plus grand ouvrage, qu'il
» allait entreprendre : c'était de joindre les deux
» mers et les grands fleuves par des canaux. Le
» temps est tout ce qui lui a manqué pour ses
» glorieuses entreprises. » (T. V, p. 418.)

Réduire étonnamment l'impôt, et cependant,
1.º éteindre une énorme dette; 2.º parvenir à avoir
en caisse, en avance, 36 millions (1); 3.º creuser
des canaux (le premier canal fait en France, celui
de Briare, est l'ouvrage de Henri IV), opérer
des desséchemens, ouvrir des routes nouvelles,
réparer les anciennes, entretenir et fortifier des
places, approvisionner les arsenaux, mettre en
un mot la France sur le pied le plus formidable !...
Voilà ce qu'a fait Henri IV ; eh ! que n'allait-il
pas faire sans le poignard d'un fanatique ?.... Quel
Roi et quel ministre ! et que ne permet pas d'opérer le RETRANCHEMENT DES DÉPENSES INUTILES !... Oh !
quelle carrière de gloire attend un nouvel Henri IV !...

(1) Page 374 du Tome V, on voit qu'il y avait 36 millions dans les
coffres du Roi, faisant 89 millions de notre temps.

Qui en pourrait donc maintenant douter ? *Administrer*, c'est marcher à grands pas vers l'extinction des dettes, la réduction de l'impôt, le retranchement des dépenses inutiles, l'extirpation du luxe et de la pauvreté ; d'où résultent infailliblement : l'amélioration des mœurs ; les sentimens religieux ; le bien-être-général ; l'amour des peuples ; la force, la vigueur de la nation ; la puissance du souverain, au-dedans comme au-dehors ; la gloire, l'éclat vrai, et non plus trompeur, du trône ; l'immortalité du souverain et de ses ministres ; la perpétuité des dynasties.

Tout au contraire, accroître sans fin et d'une manière effrayante la dette publique ou entraver son extinction ; dépenser des sommes énormes à alimenter le luxe dans la nation, loin de songer à le réprimer et à bannir la misère en appliquant ces sommes (si follement et si pernicieusement dépensées !) à des travaux utiles faits par les pauvres : ce n'est point là *Administrer* : c'est désorganiser, corrompre, dissoudre ; c'est perdre les mœurs, la religion ; croître le malaise ; aliéner l'amour des peuples ; éteindre la force, la vigueur de la nation ; affaiblir, anéantir la puissance souveraine, au-dedans comme au-dehors ; ternir l'éclat du trône ; conspirer contre la gloire du monarque, et sa propre gloire à soi ; creuser un gouffre, enfin, où la dynastie ira s'engloutir, avec la nation elle-même, peut-être.

Le règne de Louis-le-Grand a offert l'exemple de la bonne et de la mauvaise administration.

Par la bonne administration, en soulageant les peuples, Louis augmenta considérablemeut la recette, et rétablit les finances qui, depuis Henri IV, languissaient dans un état affreux. La protection accordée au commerce, fut une source de Richesse pour l'état. Les manufactures de glaces, de draps fins, d'étoffes précieuses, de superbes tapisseries (1), s'élevèrent en peu de temps avec des succès rapides. L'industrie française fit des merveilles; et toutes les nations devinrent en quelque sorte ses tributaires. Louis se vit en état, et d'imprimer, sur terre et sur mer, le respect aux puissances étrangères, et de tout perfectionner dans son royaume. Non-seulement il embellit la capitale, qui fut pavée et éclairée magnifiquement; mais il pourvut à la sûreté des habitans, par une police dont il n'y avait pas d'exemple. Les grands chemins, les ouvrages utiles, changèrent la face des provinces. Dès 1664, le canal du Languedoc fut commencé : ouvrage immense, ouvrage admirable autant qu'utile, et seul capable d'immortaliser à jamais ce règne; etc.

Par la mauvaise administration, au contraire,

______

(1) Conformément à ce qui a été exposé précédemment, nous ne donnons notre approbation aux manufactures de luxe, qu'autant que leurs produits sont *exclusivement* destinés à l'exportation. Nous voulons en effet l'*Aisance* pour tout le monde dans la nation; mais quand au *luxe*, vu ses funestes effets, nous ne le voulons pour personne.

c'est-à-dire en s'abandonnant sans mesure à la passion des folles dépenses en tout genre, Louis perdit la puissance, et mit enfin son trône et la France à deux doigts de leur perte. A sa mort, on put juger à quel point il était parvenu à s'aliéner l'amour du peuple. Avant de mourir, reconnaissant, mais trop tard, ses fautes, il dit à son successeur ces paroles mémorables : *Tâchez de conserver la paix avec vos voisins. J'ai trop aimé la guerre : ne m'imitez pas en cela, non plus que dans les grandes dépenses que j'ai faites. Prenez conseil en toutes choses, et cherchez à connaître le meilleur, pour le suivre toujours. Soulagez vos peuples le plutôt que vous le pourrez, et faites ce que j'ai eu le malheur de ne pouvoir faire moi-même.*

De nos jours (le pourrait-on croire ?), on dit, on imprime, et c'est une opinion généralement accréditée par les écrivains de tous les partis, qu'une grande nation, la France, par exemple, qui paye annuellement un milliard d'impôts, ne pourrait pas faire la guerre sans contracter de nouveaux emprunts, qu'elle ne saurait maintenir sa dignité et son existence même, sans le crédit. Écoutons encore à ce sujet l'auteur du *Nouvel Essai sur la Richesse des nations* : « Les emprunts » sont devenus nécessaires, dit-il, à une grande » nation, si elle veut soutenir sa dignité et son » honneur, ou seulement maintenir l'intégrité de

» son territoire et conserver son existence. Les
» emprunts sont une nécessité, un point capital
» pour toutes les nations. » (1)

Et c'est là le langage d'un homme d'état, d'un
Député, d'un Économiste ! et notre siècle ose se
vanter de connaître l'Économie politique ! Il ose
s'énorgueillir de ses hautes connaissances finan-
cières !.... Ah ! conseillez de supprimer les dépenses
inutiles, au lieu de conseiller de les augmenter,
vous, Économiste, Maître des Requêtes et Député;
conseillez-le; et, si votre conseil est suivi, vous
verrez que, non-seulement, avec le revenu ordinaire d'un milliard, il sera facile d'entretenir
une formidable armée pour faire respecter la dignité du trône et de la France, mais encore que
le revenu sera tellement surabondant, qu'on
pourra : 1.º Doter fortement la caisse d'amortissement, pour racheter rapidement la dette ; 2.º Diminuer considérablement l'impôt ; 3.º Couvrir cependant la France de monumens de réelle utilité
publique.

Un gouvernement, comme un particulier, est
bien à plaindre quand, pour exister, il en est
réduit à compter sur le *crédit*; car, au moindre
évènement fâcheux, le *crédit* peut tout-à-fait lui
manquer : que devenir alors ? S'il ne lui manque
pas tout-à-fait, il baisse du moins, d'autant plus

____

(1) Page 249.

que le cas qui force d'y recourir est plus critique et plus pressant ; et, dès-lors, en y recourant, le gouvernement dévore d'autant plus son avenir, et se précipite d'autant plus rapidemeut vers sa ruine.

Comment ne pas reculer d'effroi en y pensant ! Contracter des dettes, c'est aliéner son revenu, d'une manière d'autant plus rapide et plus effrayante que l'emprunt est plus grand et fait à titre plus onéreux ! Payer ses dettes, au contraire, c'est reconquérir son revenu. Aussi, généralement, payer ses dettes, c'est s'enrichir ; en contracter, c'est s'appauvrir, comme l'expriment des dictons populaires qui ont traversé les siècles.

Oh ! si l'on empruntait pour replacer *profitablement*, c'est-à-dire pour retirer, d'une manière durable, de la valeur empruntée un intérêt plus grand que celui qu'on s'engage à payer ; ou, si la somme empruntée devait reparaître, au bout d'un temps donné, avec un accroissement surpassant l'accumulation des intérêts dûs pour le temps qu'on l'aurait gardée : alors, il n'y aurait certes rien à dire, il n'y aurait, au contraire, qu'à louer. Mais on sait trop que les gouvernemens sur-tout n'empruntent guère dans ces sages vues : témoin le gouvernement anglais, qui a déjà aliéné plus de la moitié de son énorme revenu ; le gouvernement français, qui a aliéné le quart du sien ; etc. ; ensorte que le gouvernement anglais n'est propriétaire que de moins de la moitié du revenu qu'il touche ; le gouvernement français ne l'est que des trois quarts du sien ; etc.

Telle est l'effroyable et inévitable conséquence des emprunts.

Où, avec d'aussi funestes systèmes, des ministres qui ne doivent durer qu'un moment, pour faire briller ce moment d'un trompeur éclat, ne conduisent-ils pas la Royauté, qui ne meurt pas, et qui, pour être de plus en plus respectée, devrait de plus en plus s'élever glorieuse et irréprochable ? Faut-il le dire ? A la banqueroute ou à l'anéantissement ; au plus grand exemple d'immoralité qui se puisse donner, ou à sa perte certaine !.... Nous le redemandons : comment ne pas reculer d'effroi en y pensant ?

On le voit, le *crédit*, si follement vanté de nos jours, n'est pas à l'usage des rois *qui ne meurent pas*, se perpétuant par légitimité ; car le *crédit*, si la Royauté y a recours, attaque le trône par la base.

Hélas ! des partis contraires aspirent parmi nous à régir les affaires publiques ; et, à l'envi, ils font leurs efforts pour entraîner le gouvernement (quels que soient tour-à-tour les hommes qui le dirigent) dans des voies qui ne sont pas les bonnes. Puissent ces partis s'arrêter avant d'arriver au bord de l'abîme où nous courons, et concevoir enfin qu'il n'est de voie de salut que celle qu'a tracée Sully, le plus grand Ministre et le plus grand Économiste qui fut jamais : elle seule peut conduire les rois et les peuples à bon port !

Insensés ! qui croient que l'art de gouverner est l'art de dépenser de plus en plus, de faire sans fin des dettes nouvelles, d'entraver l'extinction des dettes qu'on a ! qui vantent le *crédit*, c'est-à-dire la *beauté de la voie* qui mène à l'abîme les dynasties ! qui cherchent, par tous les moyens, à rendre de plus en plus attrayante cette voie, pour qu'on soit de plus en plus tenté de s'y engager !... Ah ! saisis d'effroi, retirons, retirons la royauté de cette fatale voie, où elle n'est déjà que trop engagée ; rétrogradons au plus vîte, marchons en sens inverse : rachetons tous les papiers émis, amassons des trésors ; en un mot, rentrons dans la voie de Sully : encore une fois, elle seule est la bonne ! Puissent mille échos le redire, aujourd'hui que tout le monde (tant de nos jours l'ignorance sur ces matières est générale et profonde !) semble écrire et parler au rebours du plus simple sens commun !

Le papier, c'est la Richesse, dit-on : voyez l'Angleterre ! Non, non, mille fois non : le papier, c'est la Pauvreté. Malheur à l'Angleterre, si elle ne s'en aperçoit à temps, et ne revient prudemment sur ses pas ! Malheur à nous, si nous imitons l'Angleterre en ce qu'il importe le plus d'éviter !

Le sérieux, la gravité, la dignité, l'appareil avec lesquels on soutient les opinions modernes dans les écrits et dans les discours, prêteraient vraiment à rire, si la conséquence du triomphe de ces opinions ne devait être de faire pleurer ou nous ou nos descendans.

Reconnaisons-le avec M. J.-B. Say : « Il y a » quelque chose d'épidémique dans les opinions » des hommes; ils sont sujets à être attaqués de » maladies morales, dont l'espèce entière est in- » fectée. Il vient des époques où, de même que » la peste, la maladie s'use et perd d'elle-même » sa malignité; mais il faut du temps. » (1) Toutefois, ne disons pas comme M. J.-B. Say : *Toutes nos connaissances, même les plus importantes, ne datent que d'hier* (2); car les connaissances les plus véritablement importantes datent, bien certainement, de la plus haute antiquité, même celles de l'Économie politique, quoi qu'on en dise.

Reconnaissons-le aussi, puisque nous y sommes naturellement amené : la rhétorique (nous ne sommes pas, au surplus, le premier à en faire la remarque, et un écrivain spirituel, M. Félix Bodin, a consacré récemment un livre à le prouver) la rhétorique est une arme funeste; car l'art de bien dire sert plus que jamais parmi nous à amener le triomphe de l'erreur. Sans la rhétorique, il

____

(1) Traité d'Économie politique, tome I, page LXVIII.

(2) Idem, page LXVII.

est à croire que la vérité finirait par dominer seule dans le monde, tant, par sa simplicité, elle est de nature à être d'abord saisie par l'instinct des hommes. Envers quiconque a un sens droit et est résolu d'en user, la rhétorique, avec ses figures, n'est qu'une puérile et ridicule fantasmagorie. En général, l'étude des sciences exactes donne aux esprits le goût du positif, et porte à éviter tout détour pour aller au vrai. Plus les mathématiques seront généralement cultivées, plus l'étude de la rhétorique et autres connaissances vaines se restreindra; on finira par l'avoir en mépris, et n'avoir de goût que pour la vérité toute nue. L'éloquence, c'est la vérité ! Plus son expression est simple et laconique, plus l'éloquence est pénétrante et sublime : telle est l'éloquence de Bossuet. Quand donc achèvera-t-on parmi nous de *faire main basse sur cette rhétorique triviale, qui consiste à noyer un tas de sophismes dans une mer de paroles oiseuses et de figures ridicules?* (1) Que d'auteurs, que d'orateurs aujourd'hui admirés, seraient, dans ce nouvel état de choses, condamnés à l'obscurité, réduits à garder le silence ! Que d'hommes ignorés, qui aujourd'hui, n'ayant qu'un grand sens, craignent d'écrire, de parler, écrivant, parlant, paraîtraient véritablement éloquens ! On n'entendrait plus dire : *Un tel,* soit à la tribune, soit au

____

(1) D'Alembert.

barreau , soit en chaire, *a parlé pendant tant d'heures* (comme si la verbosité était l'éloquence!), mais simplement : *Un tel a bien parlé*, c'est-à-dire, *a exposé le vrai* ; et, comme à Sparte, le plus bref serait jugé le plus éloquent. Combien les peuples gagneraient à un tel changement ! combien la Royauté n'y gagnerait-elle pas !... Mais, hélas ! ce n'est là qu'un rêve, et nous n'avons pas l'espérance de le voir jamais se réaliser : les rhéteurs sont en trop grand nombre parmi nous ! et l'intérêt général, qui est toujours celui du prince, n'est malheureusement pas celui qu'ils paraissent avoir le plus à cœur de faire triompher ! Aussi, comme, dit La Bruyère, « L'on ouvre et l'on » étale tous les matins, pour tromper son monde ; » et l'on ferme le soir, après avoir trompé tout » le jour. »

Le passage de La Bruyère que nous venons de citer, nous ramène à reconnaître de nouveau cette vérité : *Ceux qui ont été avant nous n'ont laissé, à notre siècle, rien à découvrir, rien à observer.* Ne cherchons donc plus le neuf, sachons profiter du vieux, en fait des sciences politiques et morales sur-tout. Tout ce que nous avons exposé conclut, ce nous semble, à cela : c'est la moralité de notre écrit.

CHAPITRE VII ET DERNIER.

Dans lequel on reproduit ce qu'il y a de plus fondamental dans l'Économie politique ou Science sociale.

REMETTONS sous les yeux du lecteur ce qu'il y a de plus véritablement essentiel dans la science politique : on n'a pas besoin de volumes pour le dire, et bien que cela soit dans tous les esprits que n'aveugle pas l'intérêt particulier ou un vain faux-savoir, les Économistes, à notre connaissance, ne l'ont pas encore mis dans leurs livres, ni les publicistes dans leurs écrits, ni les orateurs dans leurs discours.

Ce que nous allons dire s'applique aux nations, indépendammment de la forme de gouvernement qui les régit.

Tout gouvernement, à ce que nous pensons, a en vue de *procurer le bien-être des peuples, en les maintenant exempts de corruption :* car de là résultent la vigueur et la durée des nations, la force et la durée des gouvernemens.

Or, pour procurer le bonheur des peuples, *vraie fin de la politique*, et pour conserver en même temps dans les cœurs l'énergie, la Morale et la Religion sa compagne, il n'est qu'*une* voie : elle est large et facile.

Puisse partout sur la terre la législation, quel que soit le gouvernement, y engager et les gouvernans et les gouvernés! Puisse notre patrie, qui s'énorgueillit de voir à sa tête un petit-fils du grand et bon Henri, en donner au monde la première l'exemple. Puisse, s'appuyant désormais exclusivement sur le vrai, l'opinion publique en France acquérir assez d'énergie pour comprimer tous les intérêts privés, qui maintenant s'opposent aux bienfaisantes vues du Monarque, et pour faire imprimer enfin à toutes nos institutions la salutaire direction qui doit nous régénérer!

Si, en exposant et entreprenant de prouver dans cet écrit de vieilles vérités qu'on a réussi à obscurcir ou à faire mettre en oubli, nous pouvons le moins du monde contribuer à ce grand œuvre, nous aurons obtenu la plus douce récompense.

Mais hâtons-nous d'en venir à la reproduction des vérités radicales les plus fécondes de la science sociale, puisque nous en avons fait le sujet de ce dernier chapitre. Le lecteur doit être impatient comme nous de voir enfin clore cet écrit, que nous ne pouvons plus appeler *Opuscule*, puisqu'il a acquis insensiblement une étendue dont nous sommes presque effrayé. Nous n'avions compté que sur 100 pages d'impression, et nous voilà déjà bien éloigné de compte ; c'est que nous devenons à tout instant verbeux, malgré nous : le siècle est tel qu'on ne peut s'en défendre ! Sans cela, quelques pages nous eussent certainement suffi.

L'individu qui, par la rente retirée des choses qu'il possède, ou par celle retirée de son travail, soit d'esprit soit de corps, peut se procurer les *nécessités réelles de la vie*, est dans l'*Aisance*, quel que soit le temps et le lieu où il vive. Si l'individu peut se procurer au-delà avec son revenu, il est *riche* (dans le véritable sens de ce mot) de tout ce qu'il peut se procurer de surabondant, et ce surabondant qu'il consomme est son *luxe*. Si, avec le revenu qu'il a, l'individu ne peut pas arriver à se procurer les réelles nécessités de la vie, il est *pauvre* de tout ce dont il s'en manque pour pouvoir y arriver, et ce déficit est sa *misère*.

Le partage égal des fortunes étant un rêve qui, si l'on pouvait concevoir qu'il pût un instant se réaliser, s'évanouirait nécessairement l'instant d'après, par la différence de conduite des individus et par mille causes qu'il est inutile d'énumérer, il y a toujours dans une nation des individus *riches*, *aisés*, *pauvres*.

Si le gouvernement de la nation abandonne les choses à elles-mêmes, il arrive :

Ou que les pauvres sont réduits à mendier des

riches les nécessités de la vie et à se mettre sous leur dépendance, comme au temps de la féodalité;

Ou que, comme dans l'ancienne Rome, lorsqu'elle était en paix, ils menacent à tout instant de se soulever contre les riches;

Ou que, le goût des superfluités naissant parmi les riches, l'industrie appelle le travail des pauvres et les affranchit de la tutelle des riches, dont l'industrie les met à même de soutirer les Aisances surabondantes. Dès-lors, le riche n'a pas moins besoin du pauvre que le pauvre du riche, et plus le besoin des superfluités devient actif et pressant pour les riches, plus les pauvres sont à même de voir par leur travail passer dans leurs mains les biens des riches. Les peuples sont par-là affranchis, et leur attitude cesse de plus en plus d'être menaçante envers les riches et pour troubler l'état. Les riches mêmes que le luxe a ruinés, classe de gens ne pouvant, selon l'expression de Salluste, avoir de patrimoine ni souffrir que d'autres en aient, ceux-là mêmes ne trouvent plus dans les peuples, devenus industrieux, d'appui pour bouleverser; du moins les chances sont-elles infiniment moindres; ensorte que, pour ravoir leurs biens dissipés, ils sont généralement contraints de s'engager à leur tour dans la voie du travail, qui devient pour eux, comme elle le fut pour les autres, le chemin de la fortune.

Dans l'ancienne Rome, où les professions de

l'industrie étaient méprisées, dans l'ancienne Rome,
après qu'elle eût mis en oubli les sages maximes
qui l'avaient fait prospérer, il n'en était pas ainsi :
« Le nombre des pauvres s'augmentait sans fin
» par le luxe, par les débauches, et par la fainéan-
» tise qui s'introduisait. Ceux qui se voyaient rui-
» nés n'avaient de ressource que dans les séditions,
» et, en tout cas, se souciaient peu que tout périt
» après eux. C'est ce qui fit la conjuration de
» Catilina. Les grands, ambitieux, et les miséra-
» bles, qui n'ont rien à perdre, aiment toujours
» le changement. Ces deux genres de citoyens
» prévalaient dans Rome ; et l'état mitoyen, qui
» seul tient tout en balance dans les états popu-
» laires, étant le plus faible, il fallait que la répu-
» blique tombât. » (1)

L'exercice de l'industrie, aussi en honneur aujourd'hui parmi les modernes qu'il était méprisé
par les Romains, met une très-grande différence
entre ce peuple et nous. L'abolition de l'esclavage
n'y en met pas moins. Aussi, dire que, parce que
le luxe a perdu Rome il doit perdre nécessairement les nations modernes, pourrait bien être
dire une fausseté. Il ne faut rien outrer, de côté
ni d'autre, si l'on veut rester dans le vrai ; et, sur-
tout, il ne faut négliger aucune des données essentielles de la question.

---

(1) Bossuet, hist. univ., *Révolut. des Empires.*

Toutefois comme, en tout temps, l'usage des produits superflus amollit et corrompt les hommes, le gouvernement, s'il veut que la nation se maintienne saine et forte, doit en réprimer l'usage.

Pour cela, il faut qu'il taxe les objets de luxe dans une proportion d'autant plus rapidement croissante que ces objets sont plus superflus, d'un usage plus funeste pour amollir et corrompre, et d'une plus grande valeur.

Par là, le gouvernement fait passer en très-grande partie dans ses mains les Aisances surabondantes des riches, ou il contraint ces derniers à les dépenser en travaux utiles.

Dans le premier cas, c'est au gouvernement, devenu propriétaire de la majeure partie de ces Aisances surabondantes par l'impôt sur les objets de luxe, à les appliquer aux pauvres. Dans le second cas, les riches eux-mêmes les leur appliquent, en échange d'utiles travaux. (Le lecteur voit que nous prenons ici l'*Aisance* pour unité de Richesse, conformément à ce que nous avons précédemment établi. Si donc les *réelles nécessités de la vie* coûtent 300 fr. annuellement, par chaque Aisance on doit entendre 300 fr., et par chaque 300 fr. une Aisance. Ainsi, l'impôt mettant, par supposition, 900,000,000 de francs entre les mains du gouvernement, le rend propriétaire de 3,000,000 d'Aisances, si, dans l'année, le prix de l'Aisance est 300 fr.; de 6,000,000 d'Aisances, si, dans l'année, le prix de l'Aisance est 150 fr.; de 1,500,000 Aisances, si, dans l'année, le prix de l'Aisance est de 600 fr; etc. Voilà comme on doit entendre le mot Aisance : il n'était peut-être pas inutile de le rappeler.)

Mais comment le gouvernement appliquera-t-il aux pauvres ces Aisances prélevées sur les riches ? Le voici :

Comme la pire des choses pour l'homme est l'oisiveté, qui est fatale aux mœurs et rend inquiet et remuant, le gouvernement, si la sagesse préside à ses conseils, exigera, en retour, des services des pauvres. Alors, ou il aura une armée toujours grandissante en raison des conquêtes de plus en plus étendues qu'il fera, à l'exemple du gouvernement de Rome ; ou, mieux avisé ou heureusement enchaîné par de sages et fortes institutions, appliquant les services des pauvres au bien-être général, il fera : ouvrir des routes ; assainir le pays, en desséchant des marais, faisant des plantations, etc; défricher des terres incultes ; dériver des fleuves et rivières en canaux d'irrigation, propres à quadrupler les produits territoriaux, pour alimenter une population incessamment plus nombreuse, qu'appellera le travail incessamment plus considérable qu'on exigera d'elle; creuser des canaux de navigation, rendre les fleuves et rivières navigables, pour centupler la facilité des transports ; élever des forteresses ; creuser des ports ; construire des flottes ; rassembler des approvisionnemens ; couvrir le pays d'édifices utiles, comme *silos* pour la conservation des grains destinés aux années de disette, hospices pour les malheureux, arsenaux, magasins, casernes, bains publics, aqueducs, fontaines, etc, etc. Telle a été plus ou moins la politique du gouvernement de l'ancienne Rome ; telle a été, sous bien des rapports, celle de l'antique Egypte ; telle a été et telle est, à plusieurs égards, celle de la Chine, empire d'éternelle durée.

Et l'on nous dit que les anciens ignoraient l'Économie politique, qu'ils n'en avaient pas d'idée, qu'Adam Smith et M. J.-B. Say l'ont seuls fait connaître aux nations (1)! En vérité l'on croit rêver.

Par les restes des monumens d'utilité publique

(1) *Il n'y avait pas avant Smith d'Économie politique.* (Traité d'Économie politique, par M. J.-B. Say, page xLIX). *De même que Bacon a fait sentir le vide de la philosophie d'Aristote, Smith a fait sentir la fausseté de tous les systèmes d'Économie ; mais il n'a pas plus élevé l'édifice de cette science que Bacon n'a créé la logique* (Idem, page LX). *On n'avait pas encore de véritable traité d'Économie politique... Pour me mettre en état d'essayer cet utile ouvrage, j'ai dû étudier ce qu'on avait écrit avant moi, et l'oublier ensuite ; etc.* (Idem, p. LXI). *Il fallait établir les solides principes qui n'avaient pas encore été posés, et lier le tout de manière qu'on pût s'assurer qu'il ne s'y trouve plus de lacune importante, plus de principe fondamental à découvrir. Il fallait nettoyer la science de beaucoup de préjugés ; etc.* (Id. p. LXII).

en tout genre qui couvrent encore la terre, on peut voir si Rome entendait l'Économie publique; et, quant à l'Économie privée, le passage suivant témoigne à quel point ils la pratiquaient, dans les temps antérieurs à la corruption : « L'épargne » régnait dans les maisons particulières : celui qui » augmentait ses revenus, et rendait ses terres » plus fertiles par son industrie et par son tra- » vail, qui était le meilleur économe, et pre- » nait le plus sur lui-même, s'estimait le plus » libre, le plus puissant et le plus heureux. » (1)

« La pauvreté (2) n'était pas un mal pour eux; » au contraire, ils la regardaient comme un moyen » de garder leur liberté plus entière, n'y ayant » rien de plus libre ni de plus indépendant qu'un » homme qui sait vivre de peu, et qui, sans rien » attendre de la protection ou de la libéralité » d'autrui, ne fonde sa subsistance que sur son » industrie et sur son travail. » (3)

Rome n'honorait que l'agriculture et la guerre. Si, comme l'Egypte, elle eût honoré toutes les professions *utiles*, et forcé tout citoyen à en exer- cer *une*, comme y forçait la législation égyptienne,

______

(1) Bossuet, hist. univ.

(2) Il est évident que le mot *pauvreté* est ici employé dans le sens d'*absence de luxe*.

(3) Bossuet, hist. univ.

Rome, comme l'Egypte, se fût maintenue paisible, heureuse et obéissante.

Nous sommes ici, avec les seules professions *utiles*, bien éloigné des systèmes des Économistes modernes, qui veulent toutes les industries du luxe, la propagation rapide par les machines de toutes les superfluités qui corrompent les nations, etc, etc. Nous voyons, dès-lors, la vérité de ce qu'on dit aujourd'hui, que les anciens n'avaient pas d'idée du système économique des modernes : en effet, ils ne s'en doutaient pas, comme parmi nous on ne se doute plus du leur. Ah ! en fait d'Économie politique, nous avons été bien éclairés dans ce siècle de lumières !.....

Sully ne l'était pas à notre manière : aussi tout le monde convient-il aujourd'hui qu'il ignorait complètement les principes de l'Économie politique. Il n'entendait rien à l'Économie privée, comme chacun peut le voir dans ses Mémoires : on y verra même que c'est à cause de cela que Henri-le-Grand le prit pour son ministre; et, quant à l'Économie publique, le moindre écolier aujourd'hui sait, bien positivement et bien pertinemment, qu'il ne s'en doutait pas.

Le royaume était entièrement rempli du travail des manufactures de nos voisins, quand Sully devint ministre, comme il nous l'apprend dans ses Mémoires. On conçoit, d'après les principes actuels, combien la France devait s'enrichir par là.

Eh bien ! ce Ministre (tant il ignorait les vraies sources de la Richesse ! tant il avait les *vues étroites* et la *présomption large !* (1)) prohiba l'introduction en France des marchandises étrangères ; voulut que les Français les fabriquassent eux-mêmes : prétendant ainsi, contre toutes les règles, arrêter l'exportation de l'argent, qu'un commerce d'échange si avantageux faisait incessamment sortir

(1) « Etablissez sur l'ensemble des phénomènes de la production et » sur l'expérience du commerce le plus relevé, que les communications » libres entre les nations sont mutuellement avantageuses, et que la ma- » nière de s'acquitter envers l'étranger qui convient le mieux aux par- » ticuliers, est aussi celle qui convient le mieux aux nations, les gens » à *vues étroites* et à *présomption large* vous accuseront de système. » Questionnez-les sur leurs motifs : ils vous parleront balance du com- » merce ; ils vous diront qu'il est clair qu'on se ruine si l'on donne » son numéraire contre des marchandises, et cela même est un système. » (Traité d'Écon. polit., par M. J.-B. Say, p. xxiv.) Les vues de messieurs les Économistes sont larges. A la vérité, ils ne voient pas les choses telles que, de temps immémorial, elles se sont montrées ici-bas au plus simple sens commun ; placés à une plus grande hauteur, grâce à ce siècle éclairé, ils voient les choses tout autrement qu'on ne les a vues jusqu'à présent, et ce n'est pas, bien certainement, du côté du pays des chimères que leurs regards sont tournés. D'ailleurs, qui ne serait de l'avis des Économistes, qui croient qu'ils sont exempts de présomption, et que ceux qu'ils combattent en ont une infinie ? En effet, ceux-ci, sans avoir fait aucun éclat jusqu'à présent, tiennent bon pour les vieilles erreurs qui, sous le nom de vérités, ont traversé les temps ; et les Économistes pré- sentent, avec un fracas bien naturel, des doctrines tout opposées, s'em- portant, comme de raison, contre quiconque n'adopte pas leurs idées, qui sont certainement frappantes de vérité : circonstances qui rappellent à notre mémoire certains passages de moralistes, que nous ne vous vou- lons pas rapporter.

de France. On sait, en effet, aujourd'hui (et il n'est plus permis de l'ignorer, sur-tout depuis que les *Économistes politiques de l'Angleterre ne daignent plus combattre l'opinion contraire, préjugé tout-à-fait suranné* (1)) que *le gain d'une nation se compose de l'*EXCÉDANT DE SES IMPORTATIONS SUR SES EXPORTATIONS, et que *si beaucoup de personnes croient, au contraire, que le gain d'un pays se compose de l'*EXCÉDANT DE SES EXPORTATIONS SUR SES IMPORTATIONS, *c'est parce qu'elles ignorent les procédés du commerce et les sources d'où provient la Richesse des nations.* (2)

Si les importations consistent en objets de luxe, la nation qui donne son argent pour les avoir, méconnaît bien sur-tout ses vrais intérêts, en arrêtant le libre commerce d'échange avec les nations étrangères !

Mais Sully ne voulait pas le luxe (3). Il voulait frapper d'un impôt très-fort ceux qui s'y adon-

(1) Voir l'article consacré à nos *Élémens d'Économie privée et publique*, dans la *Revue encyclopédique*.

(2) Passages, déjà cités, du Catéchisme d'Économie politique, par M. J.-B. Say, pages 103 et 104.

(3) Les Économistes ne le veulent pas non plus. Pourquoi donc, pourra-t-on demander, veulent-ils qu'on achète des objets de luxe ? pourquoi veulent-ils qu'on multiplie à l'infini ces objets au moyen de machines, etc. ? Il nous semble que, *qui veut la fin doit vouloir les moyens.* Nous leur laissons le soin d'expliquer cette petite contradiction, que nous avons précédemment signalée dans cet écrit.

naient ; le *faire payer cher à la vanité*, comme il le dit lui-même. Il *taxait rigoureusement les dépenses folles et superflues*, comme il nous le dit encore. Il voulait que tous les bras se tournassent exclusivement vers l'agriculture et les professions *réellement utiles*. Il voulait que la France tirât de son propre sein, puisque tous les matériaux nécessaires y étaient, tout ce dont elle avait besoin. Il voulait que ni les particuliers ni le gouvernement, ne fissent *aucune dépense inutile*. Il voulait que tout tournât au bien général, à la solide et non vaine prospérité privée et publique, au réel bonheur, à la réelle gloire du pays et du souverain. Amant des réalités et non des fictions, il ne faisait fond que sur l'or et l'argent en caisse ; et non sur le *papier-Richesse*, qu'il croyait être un *papier-misère*, tout-à-fait propre à ruiner et à anéantir la puissance souveraine.....

Encore une fois, Sully était, comme on voit, bien éloigné des hautes connaissances dont notre siècle s'honore. On voit clairement aujourd'hui, grâce à nos connaissances nouvelles, qu'il marchait au rebours du bon sens en fait d'administration. Mais ce n'était pas sa faute : l'Économie politique et la *science financière* étaient encore inconnues. « Toutes nos connaissances, même les » plus importantes, *ne datent que d'hier* », comme le dit M. J.-B. Say ; et l'histoire se trompe assurément quand elle nous montre l'invention de tous les arts *utiles*, et même celle d'une foule d'arts et de connaissances *plus qu'inutiles*, se perdre dans la nuit des temps.

Toutefois, il est à observer qu'avec ses fausses connaissances, avec ses faux principes, Sully rétablit les finances, diminua étonnamment les impôts; et, néanmoins, non-seulement éteignit une énorme dette publique, mais amassa un trésor considérable, mais couvrit la France de monumens utiles, mais la mit sur le pied le plus formidable, en la rendant de plus en plus florissante, au point que Henri (qui prétendait par la sage conduite de son ministre arriver à ce que chaque Français pût mettre *la poule au pot*), était véritablement l'arbitre de l'Europe, lorsque le fer d'un fanatique, par la mort du plus vraiment grand et du meilleur des rois, remit tout dans le chaos; car les courtisans firent immédiatement chasser Sully, dissipèrent promptement les trésors qui étaient en réserve, etc., etc., etc.

La maxime de ceux qui succédèrent à Henri ne fut plus celle de notre Louis XII, surnommé *le père du peuple*, que Henri semblait avoir prise pour devise; de notre Louis XII qui, ayant diminué les impôts de moitié et persévérant à ne pas les augmenter après, malgré ses guerres et ses disgrâces, disait pour justifier son économie : *J'aime mieux voir les courtisans rire de mon avarice, que de voir mon peuple pleurer de mes dépenses.*

Mais, puisque nous venons de prononcer deux fois le mot de *courtisans*, voici ce que dit Montesquieu (1) de cette classe d'hommes : « L'ambition » dans l'oisiveté, la bassesse dans l'orgeuil, le désir » de s'enrichir sans travail, l'aversion pour la » vérité, la flatterie, la trahison, la perfidie, l'aban- » don de tous ses engagemens, le mépris des devoirs » du citoyen, la crainte de la vertu du prince, » l'espérance de ses faiblesses, et, plus que tout » cela, le ridicule perpétuel jeté sur la vertu, for- » ment, je crois, le caractère du plus grand nom- » bre des courtisans, marqué dans tous les lieux » et dans tous les temps. Or, il est très-mal aisé » que la plupart des principaux d'un état soient » malhonnêtes gens, et que les inférieurs soient » gens de bien; que ceux-là soient trompeurs, et » que ceux-ci consentent à n'être que dupes. » On l'a dit mille fois, et toute l'histoire le té- moigne : *La corruption descend, et ne remonte pas.* Plus donc, par sa position sociale, on est élevé et en vue, plus l'exemple de toutes les vertus est impérieusement commandé ; ce n'est pas en paroles, mais en actions continues que la vertu doit incessamment se manifester : sans cela, l'hypo- crisie (masque infâme du vice, et dernier terme de la dégradation) se propagerait aussi.

____

(1) Esprit des Lois, liv. III, chap. V.

Si la corruption descend, la vertu descend aussi. Puissent les ministres et les chambres, puisse le clergé, puissent tous les magistrats, la faire descendre abondamment dans la nation ! Puisse pour cela le Roi, par les plus fermes institutions, parvenir à extirper insensiblement des cœurs l'amour des richesses (1), cause radicale de tous maux, selon les plus grands écrivains sacrés et profanes! Voilà le grand problème qu'on demande à l'Économie politique de résoudre ! Il ne paraît pas qu'il ait occupé du tout jusqu'à ce jour nos Économistes, nos publicistes, nos hommes d'état; tout au contraire, il semblerait que c'est de la solution du problème opposé qu'ils se sont exclusivement occupés jusqu'à présent, et qu'ils continuent de s'occuper.

Certainement Sully, on ne saurait trop le redire, n'entendait rien aux *véritables principes* de l'Économie politique, et il était réservé à deux ou trois doctes de notre époque de les mettre au jour. Le règne de la lumière n'était pas encore arrivé, en ce qui regarde la science économique sur-tout.

(1) *Richesses* doit s'entendre ici dans le sens de *choses superflues*, ou de l'*argent* et l'*or*, qui donnent le moyen de les acquérir. Lorsque les historiens, les moralistes, et tous les écrivains sacrés et profanes, flétrissent l'amour des richesses, c'est toujours dans le sens que nous venons d'indiquer qu'ils entendent le mot *Richesse*. Quant aux Économistes, Dieu seul sait dans quel sens ils entendent le mot *Richesse*, ou plutôt dans quelle multitude de sens divers ils ne l'entendent pas !

Mais enfin, grâce à Dieu, nous y voilà : les *hautes vérités* (qui pourraient bien n'être au fond pourtant que *d'orgueilleuses erreurs*) ont remplacé les *vérités triviales*, les *vérités surannées*; les ténèbres sont dissipées : il fait jour.

Un grand reproche qu'on fait sur-tout à Sully, et qu'on reproduit à chaque instant aujourd'hui pour prouver l'ignorance où il était des vrais principes de l'Économie politique, c'est la réprobation qu'il donnait à l'introduction des manufactures de soie en France. Mais n'est-ce pas un fait, signalé par l'histoire elle-même, que les produits de ces manufactures ont de plus en plus fait négliger les laines, par conséquent les troupeaux : d'où moins d'engrais, cause, selon d'habiles écrivains, qu'au 18.ᵉ siècle la terre rendait cinq fois moins qu'au temps de Henri IV (1)? Sully, qui croyait, comme tous les anciens, que du grand nombre de troupeaux résultait sur-tout la prospérité de l'agriculture, avait-il donc tant de tort? Nous ne le pensons pas; et nous croyons, sous tous les rapports, que ce serait un très-grand bien que la laine, si salutaire à l'homme, redevînt parmi nous d'un usage général, comme chez les anciens. La soie n'est qu'un aliment du luxe; et si le luxe est un mal, nous ne voyons pas, plus que

____

(1) Voyez les *Élémens d'hist. génér.*, par l'abbé Millot.

Sully, la nécessité de l'alimenter, du moins parmi nous. Qu'on conserve donc les manufactures de soie; mais que ce soit, exclusivement, pour attirer l'argent des étrangers qui voudront user des produits qui y seront fabriqués. Pour nous, usons de la laine de nos troupeaux : ils se multiplieront; la masse des engrais croissant, la prospérité agricole redoublera, et la population sera de plus en plus appelée. L'usage de la laine est éminemment bienfaisant : on doit d'autant plus chercher à l'encourager, qu'on ne saurait révoquer en doute qu'il n'eût pour effet immédiat d'atténuer, de prévenir un grand nombre de maladies (1). Tous nos vêtemens, pour ainsi dire, devraient être de laine, à commencer par celui qui est le plus rapproché du corps, jusqu'au plus éloigné. Pourquoi les couvertures de nos lits ne le seraient-elles pas exclusivement, et les draps eux-mêmes (du moins en hiver)? Disons, à cette occasion, qu'il est inconcevable que l'introduction en France des

(1) On nous dira, peut-être, qu'anciennement, où l'on faisait un grand usage des vêtemens de laine, il y avait de graves maladies (par exemple, la lèpre) qui, de nos jours, ou n'existent pas, ou sont beaucoup plus rares. Nous répondrons que les peuples chez lesquels la propreté était en honneur, ne paraissent pas avoir été affligés de ces maladies. Dans tous les temps, la propreté a été l'une des premières conditions de la santé. Ceux des peuples du moyen âge et de l'antiquité qui ont été surtout affligés des maladies dont il s'agit, connaissaient-ils la propreté, la propreté recherchée? Nous ne le croyons pas.

laines étrangères, des couvertures de laine, et d'autres tissus faits de cette matière en tout ou en partie, ne soit pas *absolument* prohibée. Il faut que notre industrie agricole fournisse les laines; il faut que notre industrie manufacturière les mette en œuvre. Il faut que l'industrie des Français, conformément aux idées de Sully, produise tout ce dont les Français ont besoin, quand elle a à sa disposition tous les moyens de le faire; et elle le produira dès que, par les prohibitions absolues, on la mettra dans la nécessité de le faire.... L'introduction des bêtes à laine, des bêtes bovines, des chevaux, des porcs, etc., devrait être de même rigoureusement défendue, à moins que les importations ne fussent exclusivement destinées à l'amélioration des races. Quel redoublement d'encouragement n'en recevrait pas l'agriculture! combien les animaux utiles se multiplieraient sur le sol de la France! combien la fertilité de ce sol croîtrait, par l'abondance des fumiers dont on serait à même de le couvrir! Bientôt, la viande deviendrait un aliment à la portée de toutes les familles; il y aurait plus de grains produits (quoiqu'une moindre étendue de terre fût consacrée à en produire), plus de laines, plus de cuirs, etc; et il est inutile d'ajouter que la population croîtrait, et croîtrait heureuse et paisible, en raison de la production toujours croissante des matières premières, élémens de l'aisance; etc. etc.

Ici, en pleine connaissance de cause, ayant patiemment et attentivement écouté les maximes de Sully, les disciples des Économistes, haussant les épaules et souriant de pitié, vont s'écrier : Quoi ! Sully ignorait ces grands, ces féconds principes par lesquels Adam Smith et M. J.-B. Say ont à jamais foudroyé le système prohibitif, — que Les produits étrangers qu'on importe ne peuvent être acquités qu'avec les produits nationaux ? — que, Lorsque l'argent devient rare dans une nation, par suite de l'achat des marchandises étrangères, il y revient, par le seul fait de cette rareté même, en échange de produits indigènes ?—que, « N'ayant » point de mines d'argent, il faut toujours que » nous fassions avec des produits de notre sol et » de notre industrie, l'acquisition de l'argent que » nous payons à l'étranger ? » (1)

Nous sera-t-il, toutefois, permis de répondre :

Non, messieurs, Sully n'ignorait pas ces principes, dont vous faites tant de bruit ; il en était pénétré ; il les connaissait à fond, tandis que vous ne les connaissez que superficiellement ; il en voyait les dernières conséquences, tandis qu'il est clair que vous ne les voyez pas. En effet, messieurs, Sully, instruit par l'expérience du présent et du passé, savait que l'argent exporté peut revenir

____

(1) Voyez les ouvrages de M. J.-B. Say : *Traité d'Écon. polit.*, liv. I, chap. 15 ; *Catéchisme d'Écon. polit.*, chap. XV et XVI.

dans le pays en échange d'un produit auquel vous
ne pensez pas, en échange de l'*honneur* du pays,
vendu soit par des ministres, soit par des partis;
et cet honneur, *produit sacré du pays*, il ne
voulait pas qu'on pût en trafiquer. Amis de votre
pays, avait-il tort?... Quoi! depuis quarante ans
vous voyez tout ce que l'Angleterre achète avec
l'argent que lui prodiguent les nations en échange
de ses marchandises, et vos yeux ne sont pas
encore dessillés? et vous voulez, non-seulement
qu'on continue à acheter ses produits, presque tous
de luxe, mais qu'on lève, comme l'Angleterre le
demande, tout obstacle pour les acheter, afin que
l'argent des nations arrive chez elle à plus grands
flots que jamais, pour que, plus que jamais, elle
ait le pouvoir d'acheter ce que les nations ne doivent jamais vendre?... Non, non, vous ne pouvez le vouloir! Vous fûtes égarés! lisez **Sully**,
que vous dédaigniez : vous deviendrez, comme nous,
les défenseurs des éternelles vérités qu'il proclame,
et que vous preniez pour des erreurs. Vous re-
connaîtrez que la science des modernes Économistes n'est qu'une science de mots, cachant le
vide des choses; une science chimérique, fille de
l'imagination, tendant, au moyen de distinctions
subtiles et métaphysiques, à faire paraître vrai
ce qui est faux, et faux ce qui est vrai; égarant
tour-à-tour par abus d'analyse, par insuffisance
d'analyse, par défaut absolu d'analyse; donnant

puérilement de l'importance à une foule de choses d'intérêt tout-à-fait minime, indignes d'occuper, connues de tout le monde, et qu'on se complaît néanmoins à exposer et à développer dogmatiquement, tandis qu'on passe à côté des choses les plus essentielles, sans les mentionner, sans les apercevoir, sans se douter qu'elles existent. Prenez les Traités les plus fameux ; ôtez-en ces mots : *Agent de la circulation*, *Agent de la production*, *Facultés productives*, *Facultés industrielles*, *Services productifs*, *Façons productives*, *Capital circulant*, *Capital fixe*, *Fonds capital*, *Fonds de facultés industrielles*, *Instrumens artificiels de l'industrie*, *Instrumens naturels de l'industrie*, *Produits immatériels*, *Services capitaux*, et cent autres ; n'admettez pas que, parce qu'on qualifie dédaigneusement du nom *d'idées vaines*, *d'idées chimériques*, *d'idées surannées*, *d'idées creuses*, *d'idées absurdes*, *d'idées ridicules*, *d'idées vieilles*, *d'idées sottes*, de *vains systèmes* (expression curieuse sous la plume d'écrivains entièrement systématiques), *d'opinions extravagantes*, etc., etc., etc. les vérités pratiques que les siècles ont fait découvrir à l'instinct des peuples, ces vérités soient des faussetés, et que les erreurs qu'on vous débite et veut vous inculquer *avec une confiance doctorale, avec l'opiniâtreté de la sottise* (1),

____

(1) Expressions qu'un Économiste applique à ceux qui tiennent bon pour les vieilles vérités. Cependant, ceux-ci ne font aucun bruit ; tandis

soient des vérités; ne vous payant ni de termes vains, ni d'épithètes méprisantes, ni d'expressions injurieuses; ne vous laissant imposer ni par de trompeuses apparences, ni par de captieux raisonnemens, ni par de tranchantes assertions : au risque de passer pour *complètement ignorant* et de voir les Économistes le publier, osez, pénétrant à travers ces prestiges comme les guerriers du Tasse à travers les fantômes, chercher le fond de leurs écrits : que trouvez-vous, en comparaison de ce que l'expérience a mani

que des Économistes, qui les provoquent à tant d'égards, ne cessent de redoubler d'efforts pour faire triompher leurs opinions et s'attacher aux ailes de la Renommée. Ils y ont réussi. Que veulent-ils de plus? Pourquoi, de leur auréole de gloire, poursuivent-ils encore d'obscurs adversaires?... Osons le dire hautement, enfin : les expressions plus que piquantes qu'ils adressent incessamment à ces obscurs et paisibles adversaires, eux-mêmes, eux seuls, justifiant une maxime connue, les méritent exclusivement. De tous les docteurs, en effet, les plus opiniâtres, les moins accessibles au doute, sont certainement ces Économistes, pygmées qui se croyent des colosses, et prennent Sully pour un nain. Tandis qu'ils reprochent aux autres leurs doutes, eux seuls montrent ne douter de rien, tant est grande et entière la foi qu'ils ont dans leurs lumières! Ces lumières leur montrent les choses au rebours de ce que l'expérience les a toujours fait apparaître aux peuples, depuis les temps les plus reculés jusqu'à nos jours; mais, pourrait-on hésiter? ces Économistes sont infaillibles avec leur imagination, leurs théories, leur métaphysique et leurs systèmes! ils le sont, car ils le disent, d'un ton tel *que nul écrivain un peu instruit n'ose plus* en douter, comme ils prennent soin de nous l'apprendre eux-mêmes..... Ils accusent *d'ignorance complète* quiconque n'épouse pas leurs opinions! Ne savent-ils donc pas, eux qui (nous voulons les en croire) n'ignorent rien, que l'ignorance festé de temps immémorial au bon sens des peuples ? Rien, moins que rien ; puisque les objets capitaux sont totalement omis ; et que, de toutes parts, les hors-d'œuvre écartés, vous ne trouvez dans les objets traités que puérilités, erreurs, contradictions.

Ayant prouvé jusqu'à l'évidence, à ce que nous croyons, et peut être jusqu'à lasser le lecteur, que les connaissances économiques ne *datent pas d'hier*, ni même d'Adam Smith ; que, non seulement les Économistes n'y ont point ajouté, mais qu'au contraire ce sont eux qui, par leurs écrits, les

complète est préférable à la science incomplète, parce que, tandis que la première se laisse conduire par l'instinct, guide presque toujours assuré, la seconde n'enfante que l'orgueil, aveugle qui, voulant marcher seul, ne peut faire un pas sans s'égarer ?.... Ils nous reprochent nos *doutes !* Et pourtant, les doutes devraient être à l'usage de ceux qui exposent des nouveautés, chimères nées de leur cerveau ; et non à l'usage de ceux qui défendent les opinions que le temps a consacrées !.... Ils nous reprochent le petit nombre de pages de nos écrits, tandis que nous sommes honteux d'y en consacrer tant ! Faut-il donc leur en dire la raison ? Eh bien, la voici : Pour faire adopter des erreurs, il n'est pas étonnant qu'il faille des volumes ; mais, pour prouver de vieilles vérités, dont le sentiment est dans tous les esprits, et pour renverser les faux principes qu'au moyen de volumes on aurait réussi à accréditer à leur place, il est tout simple qu'un petit nombre de pages suffise : *Le vrai se sent d'abord,* a dit un judicieux auteur. Nous croyons d'ailleurs, avec ce judicieux auteur, qu'une seule page renfermant la vérité est préférable aux plus volumineux écrits qui s'en écartent... Nous souhaitons, mais nous n'osons espérer que ces explications satisfassent notre censeur anonyme.

ont fait mettre en doute et finalement en oubli , nous allons, il en est temps, reprendre notre propos, dont une longue mais nécessaire digression nous a considérablement écarté.

Il est aisé de voir qu'à mesure que l'impôt supprimera graduellement l'usage des objets de luxe dans la nation, les capitaux se tourneront graduellement vers l'agriculture, qui, ainsi, appellera de plus en plus la partie de la population travaillant aux objets de luxe. Tout se portera vers la propriété territoriale et vers les industries d'une réelle utilité. N'échangeant plus les Aisances surabondantes contre des objets de luxe , on les échangera contre des travaux qui feront changer de face à toutes les propriétés rurales, chacun faisant en petit sur son domaine ce que nous avons dit que le gouvernement devra faire en grand dans la nation. Ainsi, des valeurs incessamment plus grandes s'accumuleront de toutes parts et de plus en plus dans le sol, auquel les populations incessamment croissantes qui le couvriront s'attacheront de plus en plus , puisque de ce sol sortiront, en échange de leur travail, et toujours en plus grande abondance, les objets ou la matière des objets de leurs réels besoins. « C'est par l'état plus ou moins florissant » de l'agriculture, dit M. le comte Chaptal, qu'on » peut juger partout du bonheur des peuples et de » la sagesse des gouvernemens. L'éclat dont brillent » les nations par l'industrie des ateliers peut être

» passager : la prospérité qui est établie sur une » bonne culture du sol est seule durable. » Ainsi pensait, il y a deux siècles, l'immortel Sully, ce grand et non systématique Économiste ; ainsi avaient pensé les nations les plus sages de l'antiquité; ainsi pense-t-on de temps immémorial en Chine, nation qui défie le temps, et où, depuis des milliers d'années, la vraie Économie politique est pratiquée, tandis qu'au 19.e siècle, grâce aux livres des Économistes, elle est complètement ignorée parmi nous.

On parle sans cesse de relever l'état d'abaissement et de discrédit où est tombée l'agriculture ! Ah! certes, dans ce que nous avons dit, en est l'infaillible moyen. On veut attacher les hommes au sol de la patrie? Voilà comme on peut le faire. On veut qu'ils s'attachent aux institutions et au gouvernement? Ah! qu'on donne aux institutions cette salutaire direction, et l'on verra !..... Quelle nation, grand Dieu ! vigoureuse et éternelle, et de plus en plus florissante et idolâtre de ses souverains, se substituerait ainsi peu-à-peu à celle que nous voyons aujourd'hui ! Pays et hommes, tout serait dans peu méconnaissable.

Pourrait-on hésiter à s'engager dans ces salutaires réformes, s'il est avéré, s'il n'est personne qui ne convienne qu'*un corps bien constitué n'a besoin ni d'habits ni d'alimens superflus; qu'une vie et une maison saines s'entretiennent par les choses les plus*

communes ; que c'est un grand bien que la sim-
plicité qui se borne à ce qui suffit, parce qu'elle
ôte à-la-fois et le désir et la pensée du superflu? (1)

O vous tous, Économistes et publicistes, qui, vous accordant à condamner le luxe, voudriez, comme tous les grands hommes de l'antiquité. le voir bannir du monde : appeler de tous vos vœux chez toutes les nations les industries du luxe, et les machines propres à l'étendre avec une effrayante rapidité, en est-ce, dites-nous, le moyen?

Peut-être on nous dira : Quand, par l'impôt de plus en plus pesant sur les objets de luxe, vous aurez complètement réussi à bannir le luxe et à forcer tous les particuliers riches à dépenser utilement leurs Aisances superflues, le gouvernement n'aura plus de revenu ; comment fera-t-il? Nous répondrons, en premier lieu, que ce point, si désirable à atteindre, du luxe entièrement banni d'une nation qu'il a déjà à demi corrompue, n'est pas près d'être atteint ; et, en second lieu, que, s'il pouvait l'être un jour, alors les particuliers devraient contribuer au soutien de l'état, en payant un impôt proportionné au nombre des Aisances surabondantes dont ils jouiraient ; car le gouvernement ne pourrait efficacement protéger et rendre le pays de plus en plus florissant en le cou-

____

(1) **Plutarque.**

vrant de monumens d'utilité générale, qu'à ce prix. Tout porte à croire, d'ailleurs, qu'alors l'impôt, vu sa destination, ne serait plus regardé comme un fardeau.

Ainsi donc paraît devoir être résolu le plus important des problèmes de la science sociale, celui ayant pour objet *d'assurer la tranquillité et la prospérité intérieure d'une nation, et, tout-à-la-fois, sa force, sa durée et son bonheur, en ne cessant pas néanmoins de susciter dans son sein toute la population que son sol est capable de nourrir.*

Faisons observer qu'il ne faut pas brusquement frapper d'un impôt très-fort les objets de luxe, pour opérer avec succès une pareille régénération dans les nations modernes ; mais le rendre graduellement et insensiblement, pour ainsi dire, de plus en plus pesant, en commençant par les objets les plus superflus, et les atteignant ensuite successivement tous et de plus en plus. Ainsi on renoncera peu-à-peu aux objets de luxe; et, sans secousse, les ouvriers qui les fabriquent iront grossir insensiblement les classes des ouvriers travaillant aux objets utiles, auxquelles classes seules, soit par les particuliers, soit par le gouvernement, seront de plus en plus offertes, en échange d'un travail utile, les Aisances surabondantes qui auparavant s'échangeaient contre des objets de luxe.

La France, dit Voltaire, *possède dans le travail de ses habitans un trésor inestimable ; oui*, mais il faut que ce travail ressorte en objets utiles, qui redoublent chaque année le bien-être et la prospérité du pays; car le travail qui ressort en objets de luxe, s'il est consommé dans le pays, ne laisse pas de traces, ou n'en laisse que de funestes, ce qui est encore pis que de n'en pas laisser du tout.

Faisons observer encore, que ce n'est que graduellement que le gouvernement doit supprimer toutes les places inutiles, et réduire le traitement des places utiles trop rétribuées. Pour cela, on pourrait, en premier lieu, cesser de nommer aux emplois inutiles qui viendraient à vaquer; et, ensuite, imposer graduellement les emplois, pour empêcher de plus en plus qu'on y aspirât. Partant, par exemple, de cette première base que tous les traitemens au-dessus de 3000 fr. doivent être imposés à raison de $\frac{1}{10}$ sur tout ce qui excède cette somme, le traitement de 5000 fr. serait frappé de 200 fr. d'impôt; le traitement de 10,000 fr., de 700 fr. d'impôt; le traitement de 50,000 fr., de 4700 fr. d'impôt; etc. Puis, l'impôt serait porté à $\frac{1}{7}$: ensorte que le traitement de 5000 fr. serait imposé à 400 fr.; le traitement de 10,000 fr. serait imposé à 1400 fr; le traitement de 50,000 fr. serait imposé à 9400 fr.; etc. Le luxe se réduisant de plus en plus, au lieu de la base 3000 fr., on prendrait successivement une base au-dessous, jusqu'à ce que les places utiles ne fussent plus enviées que par l'honneur de les bien remplir, et que les places inutiles ne le fussent enfin plus par personne. *C'est une chose indigne et cruelle que la république soit rongée par ceux qui ne lui rendent aucun service*, disait l'empereur Antonin; et il disait aussi : *Indiquez-moi les moyens, non d'accroître les recettes, mais de diminuer les dépenses.* Un autre empereur, Constance-Chlore, rempli de ces sages maximes, fit sentir aux Gaules, à l'Espagne et à la Grande-Bretagne les douceurs de son gouvernement, *en fuyant le luxe et n'employant l'argent qu'au bien public* : « Ennemi des exactions, dit Bossuet, et » accusé par là de ruiner le fisc, il montra qu'il » avait des trésors immenses dans la bonne vo-» lonté de ses sujets. »

À mesure que ces salutaires réformes s'opéreraient, à mesure que l'impôt, graduellement plus pesant sur le luxe et les traitemens, emplirait de plus en plus le trésor, une armée formidable (puisque les temps la réclament encore), propre à faire respecter la nation au-dehors, et à redoubler au-dedans la prospérité publique par les travaux utiles qu'elle ferait durant la paix (qu'aucune nation n'entreprendrait probablement de troubler), serait mise sur pied ; elle recevrait, en partie, cette population qui auparavant travaillait aux objets de luxe, ou aspirait aux emplois publics, supprimés par le nouvel ordre de choses.

En même temps, du travail serait donné à la population pauvre que l'armée ne pourrait recevoir ou que les riches n'occuperaient pas; travail, nous l'avons dit, destiné à changer chaque année en bien la face du pays, et sur-tout des campagnes. Le sol, les industries fournissant les élémens de l'Aisance, cesseraient d'être imposés (1), car les élémens de l'Aisance doivent être maintenus au plus bas prix, les imposer étant, comme nous l'avons dit, un véritable contre-sens; mais la terre consacrée aux jouissances du luxe, mais les industries travaillant à satisfaire ces mêmes jouissances, seraient enfin exorbitamment imposées.

____

(1) Aux États-Unis, la terre est exempte d'impôt. Les premiers Économistes voulaient que les terres y fussent exclusivement sujettes. Les nouveaux Économistes veulent, avec beaucoup plus de raison, que chacun contribue à l'impôt en proportion du revenu net dont il jouit; c'est aussi le vœu de la législation actuellement existante en France; mais il est malheureusement une foule de revenus qui échappent presque absolument à l'impôt, et ce sont, en général, ceux qu'il importerait le plus d'atteindre. Par ce qui est dit dans notre présent écrit, tous les revenus mal employés, c'est-à-dire consacrés aux dépenses de luxe, seraient atteints de plus en plus par l'impôt. Du reste, nous différons, ou tout-à-fait, ou essentiellement, des deux écoles des Économistes, en ce que nous ne voudrions pas que l'agriculture, ni aucune profession utile, fût imposée; tandis que nous voudrions, frappant d'un impôt incessamment croissant les objets de luxe destinés à la consommation intérieure, amener tous les nationaux, et le gouvernement lui-même, à ne faire enfin que des dépenses *réellement utiles*.

Tout convergerait ainsi vers la réelle et solide utilité : elle seule serait bientôt en honneur dans la nation, qui à vue d'œil changerait d'aspect, chaque jour la rendant plus florissante.

N'est-ce pas une chose qui resserre le cœur de penser que l'impôt énorme que la France paye, presque tout absorbé par le luxe, passe, chaque année, sans laisser pour ainsi dire aucune trace sur le sol du pays ? Au lieu que chaque année, chaque jour, chaque heure, il en devrait changer la face, et redoubler la vie de la nation et la force du gouvernement, s'il était *profitablement* et non *improfitablement* employé (1).

L'affliction n'est-elle pas au comble, quand on songe que la majeure partie de cet impôt pèse, directement ou indirectement, sur les objets de l'Aisance, qui en devraient être exempts, par cela même qu'ils sont destinés aux classes pauvres et qu'ils sont d'une indispensable utilité ? « Celui qui » n'a que le simple nécessaire, dit avec très-grande » raison J.-J. Rousseau, ne doit rien payer du tout ; » la taxe de celui qui a du superflu peut aller au » besoin jusqu'à la concurrence de tout ce qui » excède son nécessaire. A cela il dira, qu'eu » égard à son rang, ce qui serait superflu pour un

____

(1) Voir sur ce sujet les chap. VIII, IX et X du liv. III de, nos *Élémens d'Économie privée et publique.*

» homme inférieur, est nécessaire pour lui (1);
» mais c'est un mensonge; car un grand a deux
» jambes ainsi qu'un bouvier, et n'a qu'un ventre
» non plus que lui. »

Ajoutons que l'oisiveté et le luxe détrempent les corps et les ames, non-seulement de ceux qui y sont adonnés, mais généralement encore de ceux exerçant les nombreuses professions qui les alimentent, tandis que le travail et la frugalité rustiques les retrempent et fortifient; qu'ici, d'ailleurs, sont les bonnes mœurs, le contentement, la vraie Religion (*car, c'est le grand avantage de l'agriculture d'être liée plus étroitement qu'aucun autre art avec la Religion, comme elle l'est avec les bonnes mœurs* (2)), et que là sont généralement la corruption, l'inquiétude, l'irréligion. Oui, l'irréligion, que conspirent à accroître le *philosophisme* et le *bigotisme*

(1) M. J.-B. Say paraît être de cet avis lorsque, à l'occasion des dépenses privées, il dit (*p. 244, t. 1, du Traité d'Écon. polit.*) que » Tout est relatif à la fortune de chacun, au rang qu'il occupe dans la » société, à ses besoins, à ceux de sa famille, et même à ses goûts » personnels. Une consommation trop réservée le prive des douceurs » dont la fortune lui permet de jouir; une consommation trop déréglée » le prive des ressources que la prudence lui conseille de se ménager. » C'est par cette raison que les lois somptuaires sont superflues et » injustes; etc. »

(2) Rollin, hist. anc.

(réel ou affecté) aux prises (1), et non moins in-
tolérans l'un que l'autre : excès également propres
à décréditer la Religion, s'il était au pouvoir de
pygmées de décréditer la Religion, ouvrage de
Dieu même, et consolation de l'homme sur la terre.
« Il y a, dit La Bruyère, un parti à trouver entre
» les ames crédules et les esprits forts. » La vraie

(1) L'historien Hume, que nous avons déjà plusieurs fois cité, nous
apprend qu'en Angleterre les affectations outrées de piété avaient ouvert
la carrière à l'esprit d'irréligion. Nous croyons, et dès-lors nous ne de-
vons pas hésiter à le dire, que rien en effet n'est plus capable d'affaiblir les principes religieux, sur-tout chez une nation instruite. (L'Angleterre, au temps dont parle Hume, l'était encore bien peu.) Puisse le
trône conserver intact son pouvoir, et le préserver de tous envahissemens,
sur-tout de ceux que tente aujourd'hui la cour de Rome ! Qu'il n'oublie
jamais que ce fut le clergé, *toujours imbu des principes ultramontains*, dit
l'abbé Millot, qui, en 1614, fit rejeter comme une entreprise téméraire
cette proposition du Tiers-État d'établir en forme de loi qu'*aucune puissance temporelle ni spirituelle n'a droit de disposer du royaume, et de
dispenser les sujets du serment de fidélité*; et que ce fut par l'influence
du même clergé, qu'un arrêt du parlement *mettant l'indépendance de la
couronne au nombre des lois fondamentales*, fut cassé ensuite ; *comme
si la cour de Rome*, ne peut s'empêcher d'ajouter l'abbé Millot, *présidait
au conseil du Roi*. Ce ne fut que plus tard, en 1682, que, sous un
grand Roi (Louis XIV), malgré les plus vives oppositions de la cour
de Rome, la proposition que *les princes ne sont point soumis pour le
temporel à la puissance ecclésiastique*, passa. On connaît la vigueur que
montra Louis dans cette occasion, ce qui rendit vaine l'opiniâtreté du
Saint-Siège. Ce monarque distinguait très-bien, comme on voit, la Religion de l'ambition des ministres de la Religion, qu'il est si essentiel
de ne point confondre. (*Voy.* ce que nous avons dit à cet égard dans
la longue note que nous avons ajoutée à la page 105 de cet écrit.)

(*Note ajoutée pendant l'impression.*)

Religion, toute d'amour, de douceur, de charité, de persuasion, n'a rien à craindre (1) sans doute de ce double assaut de ses ennemis ; mais l'état est troublé de la guerre acharnée que se font les deux partis, et il importe de la faire cesser, non en ordonnant qu'elle cesse (elle redoublerait peut-être !), bien moins encore en favorisant l'un des partis et comprimant l'autre (tôt ou tard celui-ci, comme un ressort, se relèverait d'autant plus violemment que la compression aurait été plus grande); mais en faisant que, par la sage direction imprimée d'une main ferme aux institutions, dans le sens qu'indique cet écrit, un pareil scandale s'affaiblisse de plus en plus, et s'éteigne enfin tout-à-fait, pour ne se reproduire jamais.

Voilà donc comment, peu-à-peu, nous concevons qu'on peut régénérer une nation, la nôtre, par exemple, déjà plus qu'à demi corrompue quoique non encore à demi civilisée, en faisant converger insensiblement vers ce grand but toutes les ins-

(1) L'intolérance, vient de dire M. Benjamin-Constant dans son discours d'ouverture à l'Athénée, a fait ce qu'elle a pu pour rendre odieuse la Religion ; l'incrédulité a fait ce qu'elle a pu pour la rendre ridicule : vains efforts ! la Religion n'a pu être chassée des cœurs. Nous ajouterons : Qu'on prenne garde que l'amour des vaines richesses, s'introduisant de plus en plus dans les cœurs, ne finisse par en chasser tout sentiment religieux, en y introduisant tous les vices ! C'est à quoi nous croyons avoir indiqué dans cet écrit les véritables moyens de remédier.

(Note ajoutée pendant l'impression.)

titutions qui la régissent : introduisant graduellement dans les unes ce qui leur manque, et faisant
disparaître graduellement des autres tout ce qu'elles
ont de contraire, d'après les véritables bases d'une
sage Économie politique ; bases entièrement mé-
connues de nos jours par les partis, à cause, sans
doute : ou que leur seul intérêt les guide ; ou que
l'habitude ou l'ignorance les aveugle ; ou que,
obéissant au seul amour-propre, qui porte à rechercher le vrai hors des sentiers battus, au risque
de ne trouver que le faux, « quelques têtes né-
» buleuses s'efforcent tous les jours de répandre
» du louche sur des sujets qu'elles sont incapables
» de concevoir nettement, et obscurcissent une
» question pour se donner le droit de dire qu'elle
» n'est point encore éclaircie » (1). Rassurons-nous,
toutefois : « on doit peu s'en inquiéter : c'est
» l'épreuve indispensable que doit subir toute
» vérité. Au bout d'un certain temps, le bon sens
» du public fait justice des opinions qui n'ont pour
» appui que de vieilles habitudes, ou les illusions
» de l'amour-propre, ou les sophismes de l'intérêt
» personnel ; et la vérité reste. » (2)

Le bien, lorsqu'on veut l'opérer trop rapidement,
devient réellement impossible en Économie sociale.

(1) Catech. d'Écon. polit., par M. J.-B. Say, p. VIII.

(2) Idem.

Voilà pourquoi nous voulons qu'on procède insensiblement, pendant plusieurs règnes, s'il le faut, quoique un petit nombre d'années dussent pouvoir suffire, à notre avis, pour imprimer à toutes choses le mouvement désiré; car, quel appui les peuples, qui ressentiraient d'abord le bien, n'offriraient-ils pas à la Royauté pour opérer cette grande régénération !

« Ce qui rend les lois variables, fautives, in-
» conséquentes, dit Voltaire, c'est qu'elles ont
» presque toutes été établies sur des besoins pas-
» sagers. » Qu'on les établisse, enfin, sur les besoins permanens précédemment signalés : jamais on n'aura besoin de les retoucher.

Le monarque qui, d'une volonté ferme, imprimera cette salutaire direction à son gouvernement et l'incorporera indissolublement dans les institutions, assurera le bonheur, la force et la perpétuité de sa nation : jamais souverain n'aura atteint à ce comble de gloire, et n'aura fait pousser à sa dynastie des racines plus profondes dans les cœurs des peuples. Eh quelle ne sera pas au-dehors la puissance de cette dynastie ! Sans combat, la terre entière viendra successivement se ranger sous sa loi, si les autres gouvernans (quels qu'ils puissent être) ne s'empressent de suivre ses glorieuses traces. Dans tous les cas, béni par l'univers, les générations successives élèveront des autels au monarque qui aura donné le premier le signal, et le révèreront à jamais comme s'étant montré la vraie et non plus fictive image de Dieu sur la terre.

Le luxe scandaleux et la profonde misère n'affligeront plus les regards : l'opulence sera contrainte de descendre à l'état d'Aisance où la pauvreté sera élevée.

Voilà l'égalité, conservatrice des sociétés et des dynasties, qu'on est en droit de réclamer sans cesse, égalité que l'humanité, la morale et la religion commandent impérieusement.

Quoi ! des chrétiens pourraient plus long-temps souffrir que, tandis qu'il manque aux uns jusqu'aux alimens, d'autres *avalassent en un seul morceau*, comme le dit énergiquement La Bruyère, *la nourriture de cent familles ?* que, tandis que des milliers d'animaux, que le luxe entretient inutilement, vivent dans l'Aisance, des milliers d'hommes, nos semblables et l'image de Dieu comme nous, n'y vécussent pas ? Et la législation ne ferait pas disparaître cette monstruosité, qui déshonore, qui dégrade notre espèce ? elle ne comprimerait pas l'orgueil, *ce mendiant qui crie aussi haut que le besoin*, comme le dit Franklin, et qui, de nos jours, a l'audace de crier plus haut encore ? elle ne ferait pas taire ses indécentes plaintes ? seules elles continueraient à être entendues ? et celles du bien public, du bien-être général (premier but et premier besoin des gouvernemens) continueraient à être étouffées ?..... Non,

non, cela ne peut se supposer; et l'intérêt des dynasties, le bonheur, la force et le repos des nations veulent qu'il n'en soit pas ainsi.

Ah! c'est une grande illusion, une bien funeste erreur, un bien coupable aveuglement dans les hommes d'état, de croire que l'amour des peuples pour les institutions et les gouvernans, et, par conséquent, la *réelle* puissance de ces derniers, puisse découler, d'une manière durable, d'ailleurs que des institutions mêmes propres à faire *réellement* le bonheur de ces peuples.

Si cette observation est fondée, partout, que de choses à faire, et que de choses à refaire!

En effet, dans quel pays toutes les institutions, toutes les lois, tous les décrets, toutes les ordonnances, toutes les décisions, toutes les mesures, toutes les démarches (nous ne parlons pas des paroles, que nous ne comptons pour rien) tendent-elles, toujours et exclusivement, à ce grand but des gouvernemens et de la science sociale : *Rendre les peuples heureux ?* Dans quel pays le principe du gouvernement est-il : *Empêcher de naître dans le cœur de l'homme l'amour des richesses,* ou *le réprimer dès qu'il s'y montre,* puisqu'il est la source abondante de l'immoralité, de l'irréligion, qui font le malheur et déterminent la chute des gouvernans et des nations? Dans quel pays le principe primordial de la puissance est-il : *Extirper le luxe et la misère,* ces deux fléaux, opprobre de notre espèce; et causes éternelles du bouleversement des sociétés humaines?

Hélas! dans aucun pays, jusqu'à ce jour, à ce que nous croyons; attendu que partout l'amour effréné des richesses domine les cœurs, et nous montre partout, quelle que soit la bannière actuellement arborée, une poignée d'hommes dévorant la substance des peuples, au grand détriment de ceux-ci et des gouvernans.

Ouvrez enfin les yeux, réveillez-vous, ô chefs des nations, quels que vous soyez! Frappez, insensiblement d'abord, et enfin jusques au cœur, le luxe de cette poignée d'hommes dont nous venons de parler, et de tous les riches qui s'y abandonnent; grossissez de plus en plus vos trésors des sur-Aisances, que vous enlèverez au luxe, racine de tout mal; avec ces trésors, donnez l'Aisance aux misérables, en échange de travaux utiles à tous que vous leur ferez exécuter; ayez, s'il est nécessaire, des armées: soyez forts, soyez tout puissans, en vous attirant de plus en plus, par une aussi sage conduite, l'amour des nations que vous gouvernez; devenez l'admiration et l'exemple de l'univers; rendez manifeste aux yeux que vous êtes les envoyés de Dieu; faites, vous le pouvez, que cette idée reprenne à jamais racine dans les cœurs.

Puisse la France la première en donner l'exemple au monde!

Riches, qui vous dites les amis du Roi et de la Dynastie; riches, qui vous dites les amis du peuple et de la patrie; riches, qui voulez voir les bonnes mœurs et la Religion prospérer: montrez, il en est temps, que ce qui est sans cesse sur vos lèvres est aussi dans vos cœurs; prouvez que ce n'est pas l'amour des richesses qui, au fond, vous domine exclusivement: montrez-le, prouvez-le, en accueillant favorablement, en provoquant vous-mêmes les seules mesures propres à consolider à jamais la Royauté et la Dynastie, le bonheur du peuple et la force de la patrie, les bonnes mœurs et la Religion. Si vous ne le faites pas, vos cœurs sont à jamais démasqués : nul ne pourra plus ignorer désormais que la seule cupidité les remplit et les dévore, et non pas l'amour du souverain, l'amour du pays, l'amour de la Religion.

Chrétiens opulens, qui vous rendriez à ce point coupables, rougissez du moins de honte. Voici ce qu'un païen (1) a dit : « Dieu seul n'a absolument » besoin de rien : la vertu humaine qui sait ré- » duire le plus ses besoins, est donc la plus par- » faite, et celle qui approche le plus de la » divinité. » Cessez d'ailleurs de parler de la Religion de Jésus-Christ; ne vous présentez plus dans ses temples, que vous souillez; — *Vous ne*

_____

(1) Plutarque.

pouvez servir Dieu et les richesses, dit l'Évangile; — *L'amour des richesses est la racine de tous les maux*, dit saint Paul : *ô homme de Dieu*, s'écrie-t-il, *fuyez ces choses, et suivez la justice, la piété, la foi, la charité, la patience, la douceur;* — *A quoi servent vos paroles? La foi qui n'a point les œuvres, est morte*, dit saint Jacques; — *Retirez-vous de moi*, dit Jésus-Christ, *vous m'êtes un sujet de scandale, parce que vous n'avez point de goût pour les choses de Dieu, mais pour celles des hommes;* et c'est à Pierre lui-même, ô chrétiens, que Jésus adressa un jour ces foudroyantes paroles!

Hélas! s'il faut l'avouer, nous désespérons de convaincre personne, et nous nous attendons même à inspirer la risée sur tout ce que nous avons osé proposer.

Illusions favorables à l'homme, que nous voudrions pouvoir retenir, faut-il donc, avançant dans la vie, vous perdre toutes sans retour!

Jusqu'ici nous avions cru la masse accablante de faits qu'on trouve dans l'histoire contre l'homme en général, très-exagérée. Nous commençons, hélas! à voir clairement sa perversité.

Plus, en effet, nous l'envisageons cet homme, plus nous voyons avec Salluste *qu'une chose est sur ses lèvres, et une autre dans son cœur.* Nous croyons chaque jour moins aux paroles, et croyons même nous apercevoir que plus on les prodigue, que plus elles sont belles et fastueuses, plus les cœurs sont hideux; et, effectivement, plus les cœurs sont hideux, plus ceux qui les portent doivent éprouver le besoin de les dérober aux regards vertueux. Oui, une chose est sur les lèvres, l'apparence de la vertu; une autre chose est dans le cœur, l'ambition et l'immodérée soif des richesses : sources de tous les vices, de tous les désordres qui déshonorent l'humanité, inquiètent et menacent les sociétés.

Ah! qu'une législation vigoureuse atteigne donc, extirpe des cœurs ces causes, sources de tout mal ! Qu'elle contraigne les cœurs à recevoir la vertu, en n'y laissant plus aucune place pour le vice!

Mais, s'ils ont vraiment en vue le triomphe des choses, que les gouvernans séparent tout-à-fait, dans leur pensée, les hommes des choses. Toujours les hommes, quelque carrière qu'ils suivent (car nous ne saurions, instruit par l'histoire, en excepter aucune), sont mus par leurs intérêts personnels, et, pour en assurer le triomphe, cherchent à les identifier avec les intérêts des choses qu'ils sont préposés à défendre; et c'est précisément cela qui empêche le triomphe des choses, tant désiré par les gouvernans et les peuples, dont les intérêts sont toujours identiques, quoique sans cesse, par égoïsme, une poignée d'individus persiste et s'obstine à le nier.

Que les gouvernans se pénètrent de cette triste et accablante vérité. Un jour immense les éclairera soudain ; et, dès ce moment, le triomphe des choses, désormais isolées de ce qui les souillait et viciait, deviendra assuré. Le bien public, la morale, la Religion, tout ce que les gouvernans désirent et que les peuples souhaitent, se consolidera, par suite, indestructiblement.

N'hésitons plus à le dire : les ennemis des rois et des peuples sont les imposteurs qui, soutenant que les intérêts des peuples et des rois sont différens, soufflent sans cesse entre eux les défiances et la discorde, pour attirer à eux, et la puissance des rois, et la substance des peuples.

Voilà les révolutionnaires, quelque bannière qu'ils arborent tour-à-tour ou simultanément, soit celle des peuples, soit celle des rois.

Peuples et rois ! les bannières qu'on vous montre ne sont point les vôtres, ou plutot la vôtre, car la vôtre est une : elles sont celles de vos ennemis, se disputant à qui vous dépouillera de vos biens et de votre puissance.

Peuples et rois ! écartant chacun les ambitieux qui se disent vos amis, unissez-vous indissolublement et à jamais !

Dieu puissant ! délivrez-nous de cette peste ! Faites, ô Dieu, que nous n'ayons désormais que de bons exemples devant les yeux ! car, « rien » n'est plus contagieux que l'exemple, et nous ne » faisons jamais de grands biens ni de grands » maux qui n'en produisent de semblables : nous

» imitons les bonnes actions par émulation, et
» les mauvaises par la malignité de notre nature,
» que la honte retenait prisonnière, et que l'exem-
» ple met en liberté. » (1)

En France, les peuples et les rois ont tendu sans cesse à se réunir : toute notre histoire est un témoignage de ce fait. Elle atteste en même temps l'opposition persévérante d'une poignée d'hommes pervers, intéressés à ce que cette union n'eût pas lieu. Encore un pas, et le Roi arrive enfin jusqu'à ses sujets, dont les cœurs s'ouvrent tous pour le recevoir.

Henri IV, le cœur tout plein de cette maxime de Trajan « *qu'il fallait que ses citoyens le trouvassent tel qu'il eût voulu trouver l'empereur s'il eût été simple citoyen* », voulut le faire ce pas : il prétendit être, et il fut véritablement le Roi des peuples. Mais, hélas! le temps n'était pas encore venu pour la Royauté de pouvoir l'être sans danger! Aussi, après plus de cinquante conspirations tramées contre lui par les intérêts privés qu'il froissait, tomba-t-il enfin sous le poignard d'un fanatique, victime de son amour pour les peuples qui, éternellement, conserveront sa mémoire.

Qui conspira sans cesse contre Henri résolu d'être, au péril de sa vie, le Roi des peuples, et

____

(1) La Rochefoucauld.

non d'une poignée d'hommes divisés en deux camps, et qui, à l'envi, prétendaient continuer à disposer de la puissance souveraine, et à attirer à eux la substance des peuples? Gardons le silence, et laissons aux lecteurs qui l'ignoreraient le soin de le rechercher dans l'histoire.

Qui depuis...... mais gardons, gardons plus que jamais le silence, pour ne pas réveiller des haines encore vivantes dans les cœurs des partis, et prêtes à éclater, peut-être, à la première occasion.

Hélas! tous les partis sont également coupables et dangereux; puisque, toujours, l'histoire en fait foi, au triomphe des uns succède le triomphe des autres.

Puisse donc la Royauté les contenir tous sous le frein des lois, et empêcher qu'aucun, quel qu'il puisse être, ne relève sa tête!

En général, l'histoire nous montre partout les rois et les peuples disposés au bien et à l'union; mais tour à tour entraînés au mal par de perfides conseillers, intéressés à les diviser, pour satisfaire l'ambition et la cupidité qui sont dans leur cœur. Elle nous les montre, ces conseillers, soit des peuples, soit des rois, sans cesse s'accusant les uns les autres des maux qu'eux seuls en effet produisent tour à tour, en invoquant, pour déguiser leurs secrets desseins, soit les intérêts des peuples, soit les intérêts des rois, soit (osons hardiment le redire, après l'histoire) les intérêts de Dieu même.

La politique, dit avec raison Voltaire (1), *con-siste à enchaîner au bien commun tous les ordres de l'état.*

Reconnaissons-le donc, enfin, dans l'intérêt de la Religion, des rois, des peuples, intérêt qui est *un*, et que nous voudrions voir seul exclusive-ment triompher :

Combattre l'esprit démocratique, n'est pas com-battre la cause des peuples : c'est la défendre ;

Combattre la tendance à rétablir d'odieux privi-léges, d'insensées inégalités sociales, n'est pas com-battre la Royauté : c'est la défendre ;

Combattre l'esprit d'empiétement et d'intolé-rance que manifestent quelques membres du clergé, n'est pas combattre la Religion : c'est la défendre :

Combattre, en un mot, l'ambition et la cupidité, quelque enseigne qu'elles déploient, c'est servir la Religion, la morale, les rois, les nations.

Sans cesse l'ambition et la cupidité sont dis-posées à envahir la monarchie ; sans cesse, soit la théocratie, soit l'aristocratie, soit la démocratie, tendent à s'emparer du pouvoir des monarques, en protestant qu'elles ne veulent que l'appuyer, que la défendre contre les attaques des autres partis.

____

(1) Essai sur les mœurs et l'esprit des nations.

Or, la théocratie, l'aristocratie, la démocratie, ne sont, au fond, que l'oligarchie; et l'oligarchie, soit théocratique, soit aristocratique, soit démocratique, est, si elle est forte, le despotisme de plusieurs, mille fois pire que le despotisme d'un seul; si elle est faible, l'anarchie, mille fois pire que la tyrannie autocratique.

Rois, peuples, défendez-vous des piéges qu'on vous tend ! Vous méfiant de votre faiblesse, de votre facilité, dont on a abusé tant de fois, mettez toute votre force dans de sages lois, toutes fondées sur les fermes bases dont nous avons parlé, et qui semblent toutes propres à assurer à jamais votre intérêt commun, contre les entreprises des éternels ennemis de votre puissance et de votre repos.

Peuples ! cessez de prêter l'oreille à vos flatteurs. Devenez éclairés, pour suivre le vrai par raison, et ne plus suivre le faux par entraînement, sous quelque aspect décevant qu'il se montre.

Monarques ! le moment en est venu ; soyez désormais les rois des peuples. Cessez de croire ceux qui, par désir de dominer et par soif des richesses, ne cessent de vous peindre les peuples comme ennemis, les aliènent, et finiraient par vous les rendre tout-à-fait défavorables, si vous vous abandonniez à leurs perfides conseils. Secouez, secouez un joug si funeste ! Elevez-vous, dégagés de cette chaîne, au comble de la gloire et de la puissance! Trajan, Antonin, Marc-Aurèle, Charles-le-Sage, Louis XII, Henri IV, n'écoutant que les conseils de leurs cœurs, ont été des princes éminemment populaires, sont devenus l'amour de l'univers, et l'éternel exemple des princes dans l'art de régner. Monarques de la terre, imitez-les! C'est presque partout aujourd'hui sans aucun danger pour vos personnes; mais, y en eût-il chez quelque nation encore, qui de vous, à l'exemple de Henri IV, ne voudrait le braver? Être tué pour une aussi sainte cause, n'est pas mourir: c'est commencer de vivre, et sur la terre et dans les cieux!

O vraiment déplorable condition des princes! dont le sort est d'être constamment entourés d'hommes intéressés à présenter sous un faux jour l'intérêt des peuples, que Dieu leur a confié! d'hommes intéressés à blâmer tout ce qui tend au bonheur général, parce qu'il blesse nécessairement leurs intérêts privés! d'hommes intéressés à ne louer que ce qui, favorisant leur ambition et leurs vues particulières, blesse nécessairement les intérêts du pays et du prince!... Aussi, aux applaudissemens que ces hommes prodiguent aux mesures funestes qu'eux-mêmes ils provoquent, répondent les plaintes des peuples. Que si ces hommes empêchent ces plaintes d'arriver à l'oreille des rois; que s'ils réussissent, bien plus, à les y faire arriver en concerts de louanges : de quoi cela sert-il aux princes? Le temps vole, et l'histoire inflexible va les juger sans retour. « C'est là, dit Bossuet, que les » plus grands rois n'ont plus de rang que par leurs » vertus, et que, dégradés à jamais par les mains » de la mort, ils viennent subir, sans cour et sans » suite, le jugement de tous les peuples et de tous » les siècles; c'est là qu'on découvre que le lustre » qui vient de la flatterie est superficiel, et que » les fausses couleurs, quelque industrieusement » qu'on les applique, ne tiennent pas. »

FIN.

IMPRIMERIE DE MARC AUREL, A VALENCE.

TABLE DES MATIÈRES.

QUATRIÈME SECTION.

QUELQUES VUES DE HAUTE ÉCONOMIE POLITIQUE.

www.ingramcontent.com/pod-product-compliance
Lightning Source LLC
Chambersburg PA
CBHW062327070726

47596CB00008B/317

9782013458498